心の力を育み 発達を支える

保育における アタッチメント

遠藤利彦 著
（東京大学大学院教育学研究科教授）

チャイルド本社

はじめに

　あらゆるこどもの幸福の実現に向けて、「こども大綱」・「はじめの100か月の育ちビジョン」が閣議決定されました。これらのなかにアタッチメント、あるいは愛着という言葉が繰り返し登場し、その大切な役割が強調されています。このことからもうかがえるように、アタッチメントという言葉は徐々に社会的にも広く認知されるようになってきているように思われます。もっとも、それはまだまだ、主に家庭における親子関係の文脈に関連づけての理解に留まっているというべきかも知れません。

　しかし、ひとつの現実として、現在、日本の多くのこどもたちは、人生のとても早い段階から、家庭と園という２つの社会的世界にまたがって生きています。家庭の内側における経験だけではなく、ほぼそれと同じくらいに、家庭の外側にある園での経験が、こどもが生涯、心身健やかに、かつ幸せに生きていくための土台形成に深くかかわり得ることは、もはや疑いようのないことだといえるでしょう。そしてまた、家庭の外側において、こどもにもっとも近く位置する大人が保育者であることはいうまでもないことであり、こどもが園で保育者との間にいかに安定したアタッチメントを形成することができるかが、こどものその後の人生を左右

するひとつのカギを握っているということも確かなことだといえます。

　本書は、こうした視点から、保育という場におけるアタッチメントに関して、その基礎となるところをまとめたものです。もちろん、家庭での親子関係におけるアタッチメントと園における保育者とこどもとのアタッチメントに、共通するところは多々あります。しかし、園という集団状況においては、家庭にはない特有のアタッチメント上の重要な課題と、そしてまた、そこでの家庭とは別種のアタッチメントが拓（ひら）くこどもたちの豊かな育ちの可能性があります。本書を通して、その課題と可能性の両方を少しでも知っていただければと切に願うところであります。

　本書は全3章から成っています。まずは1章で「アタッチメントの基本」についてご理解いただいたうえで、2章の「保育におけるアタッチメント」に関して考察を深めていただきたいと思います。そして、3章で、保育現場で生じ得る種々のリアルなアタッチメント上の問題について、事例を通して一緒に考えることができればと思っております。

　本書の内容を、少しでも日々の保育の充実につなげていただければ、幸いです。

目次

はじめに ……… 2

1章 アタッチメントの基本 ……… 9

Part.1 6つのポイントから「アタッチメント」を知る

ポイント❶
不安なとき、信頼する人を求める欲求
それが「アタッチメント」 ……… 10

ポイント❷
アタッチメントは心身の健康に欠かせない ……… 12

ポイント❸
安定したアタッチメントは、
「非認知能力」を育む ……… 14

ポイント❹
アタッチメントの対象は母親だけではない ……… 16

ポイント❺
アタッチメントは「安心感の輪」をつくる ……… 18

ポイント❻
アタッチメントの主体はこども ……… 20

Part.2 アタッチメントの個人差

アタッチメントのあらわれ方はさまざま ……… 22
4つのタイプにわけられる
アタッチメントの個人差 ……… 23
・回避型 ……… 24
・安定型 ……… 25
・アンビヴァレント型 ……… 26
・無秩序・無方向型 ……… 27
こども自身の気質 ……… 28
気質を見極め、柔軟に応じることが大切 ……… 29
アタッチメントの「問題」と「障害」は別もの ……… 30

Part.3 アタッチメントの発達

・第1段階 ……… 32
・第2段階 ……… 33
・第3段階 ……… 34
・第4段階 ……… 35

〈column〉
アタッチメントは大人になっても重要なテーマ ……… 36

2章 保育における アタッチメント ……… 37

Part.1 乳幼児の特性を理解する

保護者以外の大人とかかわることは
ヒトの子育ての自然な姿 ……… 38

乳児観の移り変わり ……… 40

アタッチメントの前段階「ジョイントネス」……… 41

感情の発達 ……… 42

「運動機能の発達」と
「心の発達」は連動する ……… 43

動くことで自分の世界や感情が変化していく ……… 43

共感的なかかわりの必要性 ……… 51

自発的な遊びの重要性 ……… 52

自発的な遊びに夢中になっているとき
一番頭を使っている ……… 53

仲間との集団での遊びも重要 ……… 53

「環境を整える」とは ……… 54

「あたたかく見守る」とは ……… 56

Part.2 保育とアタッチメント

乳幼児期に必要な「教育」とは ……… 44

「2つの社会的世界」に生きるこどもたち ……… 45

保育者に必要な2つの敏感性 ……… 46

集団の楽しさや安全を支える保育者は
一対一の関係も良好 ……… 47

園環境の留意点 ……… 48

感情の立て直しと、気持ちの映し出し ……… 50

Part.3 保護者にも伝えたい アタッチメントの重要性

保護者との連携 ……… 58

保護者自身の安心感もサポート ……… 59

アタッチメントに関する文例 ……… 60

〈column〉
アタッチメントだけでない
こどもにとって大切なかかわり ……… 62

3章 アタッチメントの視点で考える保育の事例 …… 63

事例①
警戒心が強いままのKちゃん（2歳） …… 64

事例②
危険で攻撃的な言動の多いSくん（4歳） …… 68

事例③
保育者への後追いが続くAちゃん（1歳）を
喜んで受け入れているM先生 …… 72

事例④
ASD（自閉スペクトラム症）のRくん（5歳）とのかかわり …… 76

事例⑤
母親との関係が希薄に見えるIちゃん（3歳） …… 80

アタッチメント Q&A

Q1 こどもを抱っこしすぎると抱き癖がつくのか
先輩保育者に注意をされ戸惑っている ……………………………………… 84

Q2 進級のタイミングで担任が替わることは、アタッチメント対象を
失ってしまうことになり、こどもにとってはよくないことなのか ………… 85

Q3 アタッチメントの大切さはわかるが、こどもとの肌のふれあいが苦手
そんな私は保育者失格なのか ………………………………………………… 86

Q4 不安なときに保育者の胸を触ろうとするこどもに対して
どのように対応すればよいか ………………………………………………… 87

Q5 保護者が保育者に対して強い信頼を寄せ
アタッチメント対象にすることは問題ないのか …………………………… 88

Q6 乳幼児期に築くことのできなかった安定したアタッチメントは、
大人になってから新たに築くことはできるのか …………………………… 89

Q7 「不適切な保育」の報道などを見ると
こどもの体に触れることに対してもっと
慎重であるべきではないかと思うがどうか ………………………………… 90

Q8 アタッチメントの必要性が叫ばれているが
こどもを取り巻く環境はアタッチメントが築きやすい社会といえるのか …… 92

おわりに ……………………………………………………………………………… 94

〈 本書に出てくる用語について 〉

本書に出てくる「乳児期」は生後1歳ないし1歳半未満頃の時期を指します。また「幼児期」は1歳ないし1歳半頃から就学前までの5〜6歳頃の時期を指します。

1章

アタッチメントの基本

「アタッチメント」ってなに？ ということから
その個人差や発達の段階も含めた基本を解説していきます。
基本をおさえながら安定したアタッチメントを
築くポイントを考えていきましょう。

- **Part.1** 6つのポイントから「アタッチメント」を知る
- **Part.2** アタッチメントの個人差
- **Part.3** アタッチメントの発達

Part.1
6つのポイントから「アタッチメント」を知る

ポイント1 不安なとき、信頼する人を求める欲求 それが「アタッチメント」

「アタッチメント」とは?

「アタッチメント」はイギリスの児童精神医のジョン・ボウルビィ(1907〜1990)が提唱した考えです。「アタッチメント」という言葉自体には「くっつき」という意味がありますが、ボウルビィが提唱した「アタッチメント」とは、単純な「くっつき」とは少し意味合いが異なる概念です。ヒトが不安や恐怖などのネガティブな感情を覚えたとき、身体的・心理的に特定のだれかにくっついて安心感を得たい、という本能的な欲求やその行動、また行動の傾向を「アタッチメント」とよんでいます。

例えば、歩き始めたばかりのこどもが転ぶと、泣いて親や保育者を求める。大人でも困ったことが生じると職場で信頼する同僚に相談する。このように、当たり前のようにわたしたちが日々行っていることのなかに「アタッチメント」は存在しています。

「アタッチメント」が教えてくれることは、人間にとって「安心感」がいかに大切か、ということです。恐怖や不安を感じたとき、自分が信頼する人にくっついて安心感を得るという体験があること、もしくはないことが、生涯にわたるその子の人間関係のもち方や性格、そして心身の発達にまで影響を与えると、近年の研究では明らかになっているのです。

「アタッチメント」と「スキンシップ」は異なるもの

　アタッチメントが重要です、と伝えると「それってこどもをいっぱい抱っこしてあげることですよね」「長く抱っこしてあげることが大切なんですよね」と言われることが少なくありません。アタッチメントは「くっつくこと」ではあるのですが、ふれあいを楽しむ意味をもつ「スキンシップ」とは異なる意味があります。スキンシップは、楽しくてもっと遊んでほしくてくっついたり、肌と肌とのふれあいに心地よさを感じてくっついたりする状態をさします。

　それに対してアタッチメントは、あくまでこどもが不安なとき、感情が崩れたときにあらわれるものです。こどもに生じたネガティブな感情を、大人が共感的に受けとめ、元に戻し、安心感をちゃんと与えることの大切さを強調する考え方です。そのなかでくっつきや抱っこが、乳幼児期のこどもに安心感を与える方法として大きな力を発揮することは間違いありません。しかし、スキンシップとはそもそも重視するところが違うということを理解してほしいと思います。

　また、アタッチメントは「愛着」とも訳されていますが、日本語で使われている「愛着のある服」「愛着のある街」のように、「慣れ親しんだものごとに深く心を惹（ひ）かれること」という意味合いはありません。また、「愛情」とも誤解されやすいのですが、愛情の言葉がもつ「だれか特定の人を深く大事に思うこと」といった意味とも異なるので、混同しないようにしておきましょう。

アタッチメント

スキンシップ

ポイント2 アタッチメントは心身の健康に欠かせない

アタッチメント理論が生まれた背景から考える

アタッチメント理論の提唱者のボウルビィは、第二次世界大戦の戦災孤児の研究や施設に収容されたこどもの心の治療に取り組んでいました。当時、乳児院や孤児院ではこどもの死亡率が高く、心身の発達に著しい遅れやゆがみが見られ、その原因は衛生面などの環境が劣悪だからという見方がほとんどでした。

そのなかでボウルビィは「こどもの養育を行う、特定の人とのかかわり」が奪われていることが、より強く発達に影響を与えているのではないかと、主張したのです。当時の乳児院や孤児院のなかにも、ある程度衛生条件が整っており、必要な栄養も摂取でき、生理的な欲求を満たしてもらえるところはそれなりにありました。しかし、こどもの食事やおむつ替え等のいわゆるお世話は、場合によっては二桁以上のたくさんの乳幼児をひとりの大人が交代で行うようなものであったのです。これでは個々のニーズや求めるタイミングに応えるようなケアは難しいため、かかわりが事務的で機械的、そして一斉的なものにならざるを得ません。そのようななかでは当然特定の大人との関係は結べず、安定したアタッチメントの形成も望めませんでした。

つまり、栄養があるものを十分に食べていても、衛生的であたたかな場所で眠ることができていても、ちゃんと育つことができるかというと、そうではなく、アタッチメントが安定して経験できないと、心身の健康な発達は保障されないということをボウルビィは強く訴えたのです。

アタッチメントが影響を及ぼすもの

不安なとき、恐怖を感じたとき、くっつくことのできる相手がおらず、安定したアタッチメント関係が成り立たないことの影響は深刻です。安定したアタッチメントが形成されていれば「自分は愛してもらえる価値がある」「自分のことが好き」「人は信じていい」という自分や他者に対する期待や信頼感が構築されます。

逆に、不適切な養育のもとでの、満たされないゆがんだアタッチメント関係になると、「この人はいつも怒っている」「自分に対して悪意をもっている」といった誤った認識をもちやすくなったり、共感性が乏しくなったりする傾向が指摘されています。また、心理的な側面以外にも身体的な悪影響も近年報告されています。

自分や人のとらえ方に影響

自分は守ってもらえる存在か、人は信頼できる存在か、といった自分や他者へのとらえ方に影響します。

心の発達に影響

自分や他者への信頼感は心の発達にも影響します。不安な気持ちを調整してもらうなかで、こどもの感情は豊かなものへと広がっていくのです。

身体的にも影響

不安や恐怖は身体的にも大きなストレスとなります。ある研究では、乳幼児期に養育者とアタッチメントが不安定だった個人は、安定していた個人に比べて32歳時で約4倍多くの身体症状を訴えたということが明らかになっています。

Part.1 6つのポイントから「アタッチメント」を知る

ポイント3 安定したアタッチメントは、「非認知能力」を育む

基本的信頼感が生まれる

　こどもは安心感に浸る経験を重ねることで「自分は大切にしてもらえる存在だ」「この人はなにかあったら必ず助けてくれるんだ」といった自分や他者、大きな視点からいうと、世界に対しての基本的信頼感を得ることができます。

　このような自分や他者、世界に対する信頼感は、自分のもっている力に対する根源的な自信の形成にもかかわっています。なぜならば、ネガティブな感情の状態に対して、こども自らが起こした行動により、その状態を脱することができた、という成功体験が経験できているからです。このことが、自分にはほかの人を動かす力がある、世界をよい方向に変える力がある、という確かな自信を得ることにつながります。逆に、自分が発したシグナルに対してなにもしてもらえないという経験が重なると、自分はなにもできないというとても根深い無力感を抱えこんでしまうことがあるといってもいいでしょう。

心の力は「非認知能力」としても注目されている

　近年、人の生涯の心身の健康や幸福感、また経済的な安定などにおいて、幼少期に「心の力」つまり「非認知能力」を身につけておくことの重要性が叫ばれています。この力はIQのように容易に数値化することのできないものです。

　非認知能力を具体的に説明すると、それは自尊心、自制心、自立性といった、「自己にかかわる心の力」と、共感性、思いやり、協調性、ルールや決まりを理解して守る力といった、「社会性にかかわる心の力」から成り立っています。

　この「自己にかかわる心の力」「社会性にかかわる心の力」を身につけるためには、どちらにも「アタッチメント」が重要な役割を果たしていることが明らかになっています。非認知能力はこどもが感情の真っ只中にいるときに、適切なケアを受けるなかで育まれるものです。それは、自分が恐怖や不安の真っ只中にいるとき、周りの人にどのようなことをしてもらったか、自分がうれしさの真っ只中にいるとき、ほかの人にどのような言葉をかけてもらったか、といった経験の積み重ねを通して身についていく力だといえます。これは当事者性の薄い状況で学べるものではありません。つまり、「自分自身のことを大切にしましょう」「友だちが困っているときは親切にしましょう」と言葉で言われただけでは表面的な知識やスキルにとどまるということです。

　自分が本当に困っているときに助けてもらった、うれしいときに心から一緒に喜んでもらった、そのような当事者として生まれた感情に対して、適切で質の高いケアを受けたときにわき上がる安心感や喜びが非認知能力の育ちにつながります。そうやって「私は助けてもらったり、喜んでもらったりする価値のある人間だ」という自尊心が芽生え、自分の経験した気持ちを他者に重ねる共感性が心のなかに生まれるのです。

1章　アタッチメントの基本

Part.1 6つのポイントから「アタッチメント」を知る

ポイント4 アタッチメントの対象は母親だけではない

数人程度、特定の大人との持続的な関係を

アタッチメントに必要な「特定の人」は母親限定、という誤解がまだあります。それはアタッチメント提唱者、ボウルビィの著書『Attachment and Loss（アタッチメントとその喪失）』が、『母子関係の理論』という邦題で刊行されたことが影響しているのかもしれません。

しかし近年の研究では、父親、祖父母、養育者、園の保育者などもこどもとの間に安定したアタッチメント関係を築けることが立証されています。

こどもは身近にいる複数の大人を「自分を守ってくれる特別な存在」として認識できますし、それらの助けを借りながら、成長していく力をもっています。ただ、あまり大勢の人が一貫性なく、入れ替わり立ち替わりこどものことを助けると、こどもは困ったとき、今、だれに助けを求めればよいのか、その確かな「見通し」をもちづらくなります。そのため、数人程度の特定の大人との持続的な関係が大切であると考えられています。

アタッチメントの対象となる条件

保育者とこどものアタッチメントに関するある研究では、母親以外がアタッチメントの対象となる条件として、
- 身体的・情緒的なケアをしていること
- こどもの生活のなかにおける存在として、持続性・一貫性があること
- こどもに対して、そのすこやかな成長を願い、情緒豊かにかかわっていること

をあげています。

多くの保育者は左記3つの条件を満たしていることから、こどものアタッチメントの対象に十分なり得るといってよいでしょう。

複数の大人がかかわるときの注意点

アタッチメント関係は複数の人と築けます。ただ、そのなかにもこどもなりの「順位」は存在します。それはとても自然なことです。状況に応じて、そのとき一番頼ることができる人にくっつこうとすることは、自分の崩れた感情を立て直し、成長していこうとする力をもっていることのあかしともいえます。

大切なことはこども自身が「見通し」をもつことができ、混乱が生じないようにすることです。特に園など複数の大人がこどもとかかわるときは、担当の保育者を明確にし、保育者の交替がある場合でも、そのシフトをはっきりと定め、行き当たりばったりにならないようにするなどの配慮が必要です。

大人の都合でクラスの保育者が入れ替わり立ち替わりで落ち着かず、手が空いている保育者がこどもをケアするといった保育の形が常態化していると、こどもはアタッチメントの対象になる「特定の人」が定まりにくくなるおそれがあるので注意をするようにしましょう。

Part.1 6つのポイントから「アタッチメント」を知る

ポイント5 アタッチメントは「安心感の輪」をつくる

「避難所」「基地」が出発点となり「安心感の輪」を巡る

　アタッチメントの役割をわかりやすく示した、「安心感の輪」という考え方があります。安心感の輪の出発点は親や保育者など、そのこどもにとってアタッチメント対象である大人です。こどもはこの大人を「安心の基地」として、情緒的な燃料補給をして、外の世界へ飛び出して行きます。そして、外の世界で起こった出来事でネガティブな感情をもったときは、同じ大人を「安全な避難所」として頼り、感情を立て直します。

　ここでおさえておきたいポイントは、基地や避難所である大人は、基本的にはどっしりと構え、少し離れたところから見守る存在である、ということです。アタッチメントとはこどもと大人が、いつもくっついていることを意味するものではありません。むしろ、こどもがネガティブな感情をもっていないときは離れて見守り、こどもの自発的な探索や挑戦の行動を積極的に促すことが求められます。そうやって、安心感の輪を何度も何度も巡るうちに、こどもの活動範囲は広がっていき、安心感の輪は拡大し、こどもは「ひとりでいられる力」、つまり自立心や自律性を身につけていくことになります。心身の発達とは、この安心感の輪が拡大していくことといえるのです。

〈 避難所・基地の役割 〉
- いつでも変わらずにそこにある
- こどものシグナルに気づいたら応える
- こどもの崩れた感情を受け入れ立て直す
- 状態が整ったら送り出す

1章 アタッチメントの基本

ポイント6 アタッチメントの主体はこども

「先読み」のしすぎに注意

　こどもとかかわる大人にとって、こどものシグナルを察知できる「敏感性」は重要なことだといわれています。的確にこどものからだや心の状態を読み取り、迅速に対応することは大切です。しかし、この敏感性が過度になると「かかわりすぎ」「過干渉」となり、安定したアタッチメントの形成やこどもの自立のチャンスを奪ってしまうことにもなりかねません。

　アタッチメントの原則は「ネガティブな感情を、特定の他者にくっつくことを通して調整する」です。つまりはこども自身にネガティブな感情がわいていないのに、泣かせたくないから、不快な思いをさせたくないからといって、先回りをしすぎると、こどもは自分から働きかけを起こす機会を奪われます。そのことで「自分の働きかけで状態が改善した」→「自分には事態をよい方に変える力がある」といった「自己効力感」を得る機会がなくなります。また、先読みをしてかかわり続けていると、こどもは不快な状況であっても、それを変えようという気持ちにさえならないおそれもあります。

　つまり、こどもがシグナルを出したときや助けを求めたときに、タイミングよくかかわることが重要であると同時に、こどもが必要としていないときはあえて踏み込まない、ということも安定したアタッチメントの形成においてとても大切なことなのです。

こどもからのシグナルがないときは干渉しないことも大切

大人主体からこども主体へ

近年の発達心理学では、こどもに応対する大人の目線ではなく、大人を利用する主体となるこどもの目線で、大人のかかわり方が語られるようになっています。そうしたこどもへの適切なかかわり方の参考になるのが「情緒的利用可能性」という考え方です。この考え方はこどもを主体にしており、大人はいつもこどもの状態を気にかけながらも、ゆったりどっしりと構え、こどもが求めてきたときに、情緒的に利用可能な存在であればよい、ということを大前提とします。

例えば、ある一定の時間にたくさん言葉をかけた保育者が、言葉かけが少ない保育者よりよい関係を築けているかというと必ずしもそうではありません。こどもがひとりで集中して遊んでいるとき、その遊びとは関係のない働きかけをしたり、「こうしたほうがいい」「そこはちがう」などの言葉かけをしたりすれば、それはただ干渉しているだけといえるでしょう。その一方、言葉かけは少ないけれど、こどものそばで静かに遊びを見守り、こどもが保育者を見たときに「いいね。楽しいね」と笑顔で一言をかけた場合の方がこどもは遊びに集中でき、よい関係が築けているといえます。

つまり、こどもが特に必要としていないときには、こどもの活動にあえて踏み込まないこと、言い換えると侵害的でないことがとても大事だということです。しかしそれは、こどもに関心をもたない、ということではありません。直接的なかかわりはなくとも、周囲の環境を整えたり、あたたかく見守ったりすることが同時に必要ともいえます。

「情緒的利用可能性」に大切な4つの要素

① 敏感であること
こどものシグナルに対して敏感に察知できること。

② 侵害的でないこと
こどもが必要としていないのに、こどもの活動に踏み込まないこと。

③ 環境を構造化すること（黒子として下支えすること）
こどもの関心に沿った活動や遊びができるような環境を用意したり、整えたりすること。

④ 情緒的にあたたかいこと（応援団としてエールを送ること）
こどもをあたたかい雰囲気で包み込み、言葉をかけながら元気と勇気を与えること。

Part.2 アタッチメントの個人差

（ アタッチメントのあらわれ方はさまざま ）

　人には不安や恐怖を感じたら「特定のだれかにくっついて安心したい」という思いがあります。しかし、その行動のあらわれ方には個人差が存在します。例えば不安を感じる場面で、くっつきたい相手にためらいなく向かって、安心感が得られたらすぐに離れていくこども。一度くっつくと、べったりとくっついたまま、なかなか離れないこども。不安を感じてもその動揺をあらわすことなく、くっつこうとしないこどもなど、さまざまです。

　なぜ行動のあらわれ方に個人差が生まれるか。それは、日頃かかわる大人のふるまいやかかわり方に大きな要因があります。こどもがいくら「くっついて安心感を得たい」と思っていても、大人のかかわり方によっては、簡単にその思いが満たされない場合もあります。そんなとき、最低限「自分は安全」という感覚を得るためには、こどもが自身の行動を調整するしかありません。それが個人差となってあらわれてくるのです。もっとも、近年の研究では大人のかかわり方だけでなく、こども自身の気質や特性もアタッチメントのタイプに多少関係があることがわかってきています。

4つのタイプにわけられるアタッチメントの個人差

一般的にアタッチメントの個人差は、「ストレンジ・シチュエーション法」という方法を使って測定されています。それは、12〜18か月くらいのこどもを初めて訪れる部屋に連れていき、そこに一緒に行った養育者と分離させてみる、という実験です。

この実験では
① 養育者が離れていこうとする場面で、こどもはどういう反応を示すのか
② 養育者が戻ってきたら、こどもはどういった反応を示すのか

という2点が重要なポイントです。

その分離場面と再会場面にあらわれるこどもの行動の特徴から、こどものアタッチメントのタイプを次の4つにわけることができるとわかっています。

4つのタイプ

Ⅰ 分離場面で苦痛を示すか

NO →

回避型
養育者との分離でも、泣いたり混乱したり、苦痛を示したり、ということがあまりない。（詳細はP.24）

YES ↓

Ⅱ 養育者とスムーズに再会できるか

YES →

安定型
養育者との分離の際は泣いても、その後の再会場面でスムーズに養育者を迎えることができる。（詳細はP.25）

NO →

アンビヴァレント型
養育者をスムーズに受け入れられず、逆に怒りを示したり、ぐずぐずしたりする状態を長く引きずってしまう。（詳細はP.26）

Ⅰ・Ⅱの2つの場面でやや不可解で一貫性のない行動を見せる →

無秩序・無方向型
顔をそむけながら養育者に近づいたり、不自然でぎこちない動きをしたりと行動にまとまりがない。（詳細はP.27）

Part.2 アタッチメントの個人差

シグナルが小さくて少ない
回避型

こどもの特徴

- 養育者が部屋を出たとき、泣いたり混乱したりするなどの苦痛を示さない。
- 再会したときには、目をそらしたり、明らかに養育者を避けようとしたりする行動がある。
- 養育者が抱っこしようとしても、こどもから抱きつくことはない。
- 養育者を安心の基地として探索活動を行うことがあまり見られない。

主な養育者の日頃のかかわり方の傾向

- こどもの働きかけに対して、拒否的にふるまうことが多い。
- 他のタイプの養育者と比較して、微笑むことや身体接触が少ない。
- こどもが泣いて近づこうとすると、かえってこどもを遠ざけたり、自分のほうから離れていこうとしたりすることもある。
- こどもの行動を強く制限しようとすることも多い。

保育者のかかわり方ポイント

こどもに対して

　直接くっついてきたり、助けを求めたりするなどのシグナルの表出は少なくても、そのこどもなりのシグナルは出しているものです。そのシグナルに対して保育者は注意深く観察し、気づき、その気持ちを受けとめるようにします。そうやって自分の期待に応えてもらう経験を重ねることで、園では徐々に安心して不安な気持ちを表現できるようになっていきます。

保護者に対して

　こどものシグナルが少ないことに対して保護者が困っているようであれば、保育者が気づいたこどもなりのシグナルを保護者にも共有するようにします。そして、こどもが受けとめてもらう経験を重ねることで、安定したシグナルの表出が期待できるという見通しを伝えましょう。

最適なシグナルが出せる

安定型

こどもの特徴

- 養育者が部屋を出たときは泣くなど、苦痛を示す。
- 再会したときは積極的にくっついて、安心感を得た後は、また養育者の元を離れて遊ぶ。
- 養育者を安心の基地として、積極的に探索活動を行う。

主な養育者の日頃のかかわり方の傾向

- こどもの欲求や状態の変化などに敏感で、過剰なあるいは無理な働きかけをすることが少ない。
- こどもとのやりとりは穏やかで、一緒に遊んだりスキンシップを楽しんだりすることが多い。

保育者のかかわり方ポイント

こどもに対して

　自分のシグナルを最適な形で表出しているので、今後も同様に自然な形で応じていけば良好な関係性を維持することができます。

保護者に対して

　こどもの安定した姿の背景に、保護者とよい関係を築けているから、ということを言葉にしてフィードバックするように意識しましょう。そうすることで保護者は勇気づけられ、さらに関係を強めることにもつながります。

シグナルが大きくて多い
アンビヴァレント型

こどもの特徴

- 養育者が部屋を出たときは激しく泣くなど、強い不安や混乱を示す。
- 再会したときは養育者にくっつこうとするが、その一方で養育者を叩いたりするなど、会えてうれしい気持ちと反対の行動をとったりする。
- うれしいはずなのに、怒ったり泣いたりして気持ちの立て直しがなかなか行えず、不機嫌な状態が続く。
- 全般的に行動が不安定で、随所に用心深い態度が見られる。
- 養育者を安心の基地として、安心して探索活動を行うことがあまりできない。
- 養育者に執拗にくっついていようとすることが比較的多い。

主な養育者の日頃のかかわり方の傾向

- こどもの欲求や状態の変化などに対する敏感さは、相対的に低い。
- こどもの行動や感情の状態を適切に調整することが、苦手な傾向がある。
- こどもへの応答がやや気まぐれであり、自分の気分や都合によって肯定的にも否定的にも対応が変わる。

保育者のかかわり方ポイント

こどもに対して

不安定な気持ちのなかで最大のシグナルを発しているこどもに対して、そこまでしなくても私は気づいているよ、応えるよ、受けとめるよと、一貫して伝えることで、徐々にですが確実に安定したアタッチメントを形成することが可能です。まず園で一貫した対応を行うことを意識しましょう。

保護者に対して

シグナルの激しさに対して困っているようなら、一貫した対応の大切さを伝えてみましょう。その時々で応じてもらえたり、もらえなかったりすると、こどもはより強い形でシグナルを発信するということに気づきを促します。また、「これが終わったら○○するからね」というようにこどもが見通しをもてるような伝え方が安心感につながることなどを理解してもらうようにしましょう。

まとまりのない行動
無秩序・無方向型

1章 アタッチメントの基本

こどもの特徴

- 養育者が部屋を出たときに、泣いたり混乱したりするなどの苦痛を示さないこともあれば、示すこともあるなど、行動に一貫性がない。
- 再会したときは、顔をそむけながら養育者に近づいたり、不自然でぎこちない動きを見せたりする。
- 再会したとき、ぼーっとしたり、うつろになったり、かたまったり、すくんだりという、養育者にくっつきたいのか離れたいのかが、読み取りづらい状態になる。

※上記は乳児段階の特徴であり、3〜6歳と年齢が上がるとコントロール（統制）タイプとよばれるような行動に変わっていく。これは下記のような2通りのあらわれ方がある。
- 統制的世話焼き型……こどもの方が、養育者を気遣い世話を焼く。
- 統制的懲罰型……こどもが、養育者を叱りつけるような行動をとる。

主な養育者の日頃のかかわり方の傾向

- こどもへ不適切なかかわりや虐待を行っている可能性が、高い確率で認められる。

保育者のかかわり方ポイント

こどもに対して

　園がこどもにとっての安全な避難所と安心の基地となるよう、安定的なかかわりを行いつつ、体に不自然なあざなどがないか、着ている服がいつも同じでないかなど、注意をして見ておく必要があります。

保護者に対して

　基本的なコミュニケーションをとりながら、家庭内での不適切なかかわりや虐待が疑われる際は、どの程度なのかを見極めて対処します。場合によっては専門の機関への相談も検討する必要があります。

こども自身の気質

アタッチメントの個人差が生まれる要因として、こどもとかかわる身近な大人との日頃のかかわり方が大きな影響を与えると考えられています。しかし、そのかかわり方だけが、アタッチメントの個人差としてあらわれるわけではありません。

こどもは生まれながらに個性、つまりは「気質」があることがアメリカの精神科医のトーマス博士らの研究によりあきらかになっています。その研究によると、人間には9タイプの気質的特徴が生まれながらにしてすでに備わっており、それら気質の強弱の組み合わせが、そのこどもの個性となっているといわれています。同じようなかかわり方をしても、同じように成長しないのは、こども一人ひとりが個性をもって生まれている証でもあります。

9つの気質的特徴

Thomas & Chessの理論（ニューヨーク縦断研究）より

❶ 活動性（活動の活発さ）
身体の動きが活発、おとなしいなど、活動レベルの差。

❷ 規則性（規則正しさ）
生理的周期（睡眠・食事・排泄）が規則的か、そうでないかなど、行動やその機能が規則正しいかどうか。

❸ 接近・回避（新しい環境への反応）
新しいことに対して積極的か、消極的かなど、行動パターンの差。

❹ 順応性（変化に対する順応の速さ）
環境が変わったときなど、変化に対する適応が速い、ゆっくり、など。

❺ 反応の強さ
よく笑ったり泣いたりする、感情をあまり外に出さないなど、表現の差。

❻ 反応の敏感さ
外的な刺激や内的な刺激に敏感か、気にしないかなど、五感がどれくらい敏感か。

❼ 機嫌
機嫌がいい、気難しいところがある、物事をポジティブにとらえるか、ネガティブにとらえるかなど、ベースとしての気性の差。

❽ 行動の可変性（粘り強さ）
へこたれない、すぐあきらめるなど、難題を前にどれだけ粘れるか。

❾ 注意のそれやすさ・注意の幅と持続性（集中力の持続性）
ひとつのことに没頭できる、言い出したら聞かないなど、外的な刺激でどのくらい気がそれやすいか。

気質を見極め、柔軟に応じることが大切

　比較的育てやすい気質・育てにくい気質というものはありますが、絶対的な良し悪しはなく、環境との適合や相性次第で、良くも悪くも作用するといえます。にぎやかな話し声が聞こえていても、気にすることなく眠るこどもがいれば、ちょっとした物音も敏感に感じとり、大泣きをするこどももいます。また、初めての場所や人でも物怖じすることなくどんどん遊ぶこどももいれば、しばらく様子を見ながら少しずつ遊ぶこどももいます。気質は環境によって多少変わることもありますが、完全になくすことはできないものです。無理に変えようとすることは、こどもにとっても大人にとっても大きな負担になります。大切なことは、「こうしなければ」と型にはめることではなくこどもの気質を見極め「どれが合うかな」くらいの柔軟性をもって応じることです。

　さまざまな気質の形があっても、「怖いときは特定のだれかにくっつきたい」という思いは同じです。こどもの気質に合わせた環境やかかわり方の工夫で、安定したアタッチメントは形成できます。

　こどもの気質によっては、安定したアタッチメントを築くことに難しさを感じる保護者もいるかもしれません。そのような保護者がいたら、孤立させず、こどもも保護者もプレッシャーにならないかかわり方を一緒に探っていくなどのサポートが必要です。

アタッチメントの「問題」と「障害」は別もの

アタッチメントの「問題」は、アタッチメントは形成されてはいるが、安定的でなく、不安定な状態を指します。ただちに問題があるわけではないのですが、心から安心感を得ることが難しい、ネガティブな感情を調整しづらい、といった問題をかかえるリスクは存在しています。

一方、アタッチメントの「障害」とは養育者とのアタッチメント形成がうまくいかずに、こどもの情緒や対人関係に問題が生じる障害であり、アタッチメントの「問題」とは分けて考える必要があります。アタッチメント障害は専門医の診断が必要であり、実際に診断される例は極めてまれだと言われています。

近年「アタッチメント障害（愛着障害）」という言葉を日常場面でもよく見聞きするようになりました。アタッチメントが関係しているものではあるのですが、本来の意味とは異なる使われ方や認識をされていることもあるようなので、注意が必要だと感じています。

アタッチメントの「問題」

こどものアタッチメントの個人差を見たとき「回避型」「アンビヴァレント型」「無秩序・無方向型」のタイプはまとめて「不安定型」とされることがあります。アタッチメントは形成されてはいるものの、問題がないわけではありません。安定的なアタッチメントと比較して、心から安心感に浸ることができない、ネガティブな感情を調整しにくいという面があります。

また、近年「無秩序・無方向型」はアタッチメント障害と一定の重なりがあるのではないかという見方もあります。

〚不安定なアタッチメントの問題〛

- イライラした気持ちを攻撃的な行動で発散しようとする
- 不安や苦痛にうまく対処できない
- 不安や苦痛を抱え込み、抑うつ的になってしまうこともある

アタッチメントの「障害」

極めて劣悪な養育環境におかれ、アタッチメント自体を形成する機会がもてなかったこどもに起こる障害です。診断の前提として、ネグレクトや養育者がひんぱんに替わるなど、アタッチメント形成する機会がほとんどなかったことがあげられます。

反応性アタッチメント障害

人に対して過剰に警戒し、苦痛を感じているときでも人に頼ることができないため、助けを求めようとしない傾向がある。

特徴

- 人とのかかわりが極端に少ない
- ポジティブな感情があらわれることがほとんどない
- 他人を信用できない
- 恐怖心や警戒心が強い
- 自傷行為がみられる
- 自己肯定感が低い
- いつも人目を気にしている
- 感情の起伏が少ない　など

脱抑制型対人交流障害

人に対して過度に馴れ馴れしく、初対面の人にもかかわらずべったり抱きつくなど、無差別に人に甘えようとする傾向がある。

特徴

- だれかれかまわず抱きつく
- 周りの人の注意をひくために大声を出す
- 落ち着きがない
- 乱暴な言動がある
- 強情で意地悪さがある　など

共通の特徴

- 食べる量が少なく、身体が平均より小さい
- 体調不良を起こしやすい
- 自分や他人を傷つける
- 大人を試すような行動をする
- 理由もなく嘘をつくことがある
- 睡眠障害や摂食障害がある　など

Part.3 アタッチメントの発達

　乳幼児のアタッチメントは4段階を経て発達するといわれています。この4つの時期のこどもの姿と、安定したアタッチメントを築くための対応のポイントを確認しましょう。

第1段階（生まれてから3か月頃まで）

アタッチメント

だれに対しても人であれば関心を向ける

　人を区別する力がないため、だれに対してもじっと見たり、目で追ったり、手を伸ばしたり、泣いたり、微笑んだり、なん語を発したり、といったアタッチメント行動を向ける。

この時期のこどもの特徴

- 首がすわり始める（3か月頃）
- おなかが空いたら泣くなど、快・不快をあらわす（3か月頃）
- 人の顔をじっと見たり言葉かけや笑顔に反応したりする（3か月頃）
- 機嫌がよいとき「アー」「ウー」などの声を出す（3か月頃）

対応のポイント

あたたかな応答のなかで発達を促す

　こどもの行動に合わせてタイミングよく応答し、やりとりを楽しむ。例えばこどもが発する声に合わせて同じように声を出してみたり、こどもの動きに合わせて同じ動きをとったりするなどといったやりとり。このようなあたたかな応答のなかで、こどもは適度な刺激を五感で受けとり、世界をとらえていくなかで発達が促されていく。

※発達には個人差があります

第2段階（3か月頃〜6か月頃まで）

アタッチメント

アタッチメント対象が徐々に見分けられるようになる

まだだれに対しても親しみを向けるが、その一方で、日常的によくかかわってくれる人に対して、特に微笑んだり声を出したりするようなアタッチメント行動を向けるようになる。

この時期のこどもの特徴

- 気になったものを目で追う（4か月頃）
- あやすと笑う（4か月頃）
- 声を出して人を呼ぶ（5か月頃）
- 寝返りをうつ（6か月頃）

対応のポイント

目を合わせ、名前をよび、ときにはおどけて笑わせる

まだ自分自身の名前が認識できない時期だが、しっかりと名前をよんでかかわるようにする。また、目を合わせて微笑んだり、時々おどけて「いないいないばあ」など、こどもが笑ったり喜んだりするようなこともやってみる。そのようなやりとりのなかで、この人は自分にとっていろいろなことを教えてくれる「教え手だ」という認識を、こどもが自然にもつようになっていく。

1章 アタッチメントの基本

33

第3段階（6か月頃〜2、3歳頃まで）

アタッチメント

アタッチメント対象が定まり、探索行動が増える

相手がだれであるかがわかるようになり、養育者や日常的によくかかわる人がアタッチメントの対象になる。見知らぬ人には警戒するようにもなり、人見知りが始まる。また、運動機能の発達にともなって、自分の意思で移動することが可能になるため、養育者がいなくなると後追いし、戻ってくると迎えるといった行動が見られるようになる。

また、養育者を安心の基地として周囲の探索を行うなど、探索行動を行うようになる。

この時期のこどもの特徴

- 怒り、嫌悪、恐れの感情がはっきりとあらわれるようになる（6か月頃）
- なん語でのやりとりを楽しむ（6か月頃）
- 要求や興味のあるものを指さしや声で伝える（6か月頃）
- ひとりで座る（7か月頃）
- 知らない人が来ると表情が変わったり、泣いたりする（8か月頃）
- はいはい、つかまり立ちをする（9か月頃）
- 言葉の理解が進み、簡単なやりとりができる（1歳前半）
- 姿形をはじめ、自分自身の特徴や性質に対する「自己意識」が芽生え始める（1歳半頃）
- 人前で照れたりはにかんだり、他人をうらやましがったり、共感やおもいやりを示したりするようになる（1歳後半）
- 自我が芽生え自分でやりたい気持ちが高まる（1歳後半）
- 自我が育ち、自己主張をする姿が見られる（2歳頃）

対応のポイント

こどもの自発的なくっつきを待って応答する

はいはいやよちよち歩きができるようになるなど、こどもが自らの意思をもって動くことが増える。その際、こどもの「自発的な動き」ということをしっかりととらえて大切にする。「怖さや不安を感じる」→「安心感を得ようと行動する」→「くっついて安心感を得る」この順序が非常に重要で、自らがその危機に対して自分の意志をもって動くことで、主体性や自己効力感が育まれていく。そのため、こどもが辛い思いをしないように、と先回りをしすぎたり過干渉になったりすることが、こどもの発達においてマイナスに作用してしまうこともある。

※発達には個人差があります

第4段階（2、3歳以降）

アタッチメント

アタッチメント対象との協調的な関係がつくられる

養育者の感情や状況について推測できるようになるため、次に養育者がなにをしようとしているのか予想をして、行動することができるようになる。

見通しがつくため、直接的なアタッチメント行動は減る

経験や認知機能の発達にともない予測ができるようになるため、心の安定を維持でき、アタッチメント対象にくっつくなど、身体的ななぐさめを求めるような行動が減る。

この時期のこどもの特徴

- 自分がやったことがよいことなのか、悪いことなのか、他の人は自分のことをよく思っているか、悪く思っているのかといった「自己評価意識」が高まる。その結果、なにかできないと感じたときには恥の感情を、なにかできたときには誇りの感情を、さらにほかの人になにか悪いことをしたと感じたときには罪悪感を覚え、あらわすようになる。

対応のポイント

状況や気持ちを言葉にして、こどもが見通しをもてるように

ある程度そのときの状況やその人の気持ちが徐々にわかってくる時期。ただし、最初の段階では必ずしも的確にそのような読み取りができるわけではない。そのため、そのときの状況や気持ちを言葉にしてこどもが見通しをもてるように心がけておく必要がある。また、こどもとの約束を守るようにすることで、こどもは待てるようにもなっていく。

1章 アタッチメントの基本

column 1

アタッチメントは大人になっても重要なテーマ

　アタッチメントは乳幼児期のテーマだと思われる方も多いかもしれませんが、実際には人が生まれてから亡くなるまで生涯にわたって重要な働きをする行動のシステムです。大人でもなにか不安を感じたり、悲しいことがあったりすると、信頼するだれかに話を聞いてほしかったり、助けを求めたり、なぐさめてほしかったりすると思います。これもアタッチメント行動のシステムが活性化している証拠です。

　また、大人のアタッチメントの個人差は、特定の相手だけでなく、さまざまな人とのかかわりにも影響を及ぼすと考えられています。それは「人はこういうもの」「わたしはこういうもの」「愛されるっていうのはこういうこと」といった感覚が、最初に経験するアタッチメントを通して心に刻まれるからです。例えば同じ相手の表情や言葉でも、人によっては好意的にとらえたり、否定的にとらえたりするなどの違いがあるかと思います。それは、相手の見方やかかわり方のクセともいえます。

　もし、人とのかかわりに難しさを感じている際、自身のアタッチメントのあり方をふり返ってみることが現状を変えるきっかけになるかもしれません。

大人のアタッチメントにも個人差がある

安定自律型
人と親密になることが比較的容易。だれかを頼りにしたり、だれかから頼りにされたりすることに心地よさを感じる。

とらわれ型
パートナーの親密性・承認・応答性を強く求め、パートナーが自分と同じように望んでいないことに不安を感じやすい。

拒絶・回避型
〈アタッチメント軽視型〉
自分自身のことについて隠す傾向があり、他者を拒絶することで他者との距離を保とうとする。

恐れ・回避型
〈未解決型〉
他者との親密な関係を求めているものの、近づきすぎたら傷つけられるのではないかという恐れや不安があり、相手を信頼したり、頼ったりすることが難しい。

2章

保育における アタッチメント

保育のなかで安定したアタッチメントを形成するためには
どのようなことが必要なのでしょうか。
乳幼児の特性や、家庭とは異なる
配慮が必要であることもおさえながら考えていきましょう。

- **Part.1** 乳幼児の特性を理解する
- **Part.2** 保育とアタッチメント
- **Part.3** 保護者にも伝えたいアタッチメントの重要性

Part.1 乳幼児の特性を理解する

保護者以外の大人とかかわることはヒトの子育ての自然な姿

　生物学では一般に、ヒト成長を「乳児期」→「子ども期」→「思春期」という形でわけて考えます。「乳児期」というのはおっぱいをもらって育っている時期、「子ども期」は卒乳をし、ほかの食べ物をもらって育つ時期です。ヒト以外の哺乳類の「子ども期」はとても短く、すぐに大人になってしまいます。

　一方でヒトの場合、生涯における「子ども期」がとても長く、食べ物を大人から与えてもらわなければ生きていけない時期が10年以上も続きます。親にとっては「乳児期」を終えてもまだ子育ては続きます。それを親だけ、場合によっては母親だけがそれを負担することは困難です。そのため、ヒトの子育てというしくみはもともと「集団共同型養育」だったといわれており、ほかの人から助けてもらえることを前提にして成り立っているのです。言い換えると、多くの人が協力しなければ、ヒトの子育ては成り立ちません。

　幼いうちから園などを利用すると親子の安定したアタッチメントが築けないのでは、と思う人もいるかもしれませんが、群れをなし、ほかの人とかかわりながら生きていくのは人間の根本的な性質です。家庭とはまた違う場所で親以外の大人と出会い、安定したかかわりを経験できるメリットはとても大きいといえます。

ヒトのこどもの特徴

未熟

ヒトのこどもは身体運動能力・体温調節能力・飲食能力など、さまざまな側面から見て、とても未熟な状態で生まれてきます。たとえば身体運動能力の面では、少なくとも生後半年くらいまでは、はいはいをすることもできません。

体温調節能力についても、乳児期の段階では、寒いときに震えるという身体のしくみがまだ備わっていません。寒いときに震えるのは、身体を動かすことで熱をつくり体温を維持するための大切な機能です。それがないため、生まれたままの乳児を裸のままで放っておくと体温はあっという間に下がり、生命の維持も難しくなります。

重い

多くの未熟さがあるなかでも、ヒトの新生児は３kg強とほかの動物（例えばゴリラは２kg弱）と比べても重めです。

子育ての期間が長い

「乳児期」を終えても「思春期」を迎えるまでの間の「子ども期」が10年以上と長いのも特徴です。

脳の発達が著しい

生まれたときのヒトの脳の重さは平均で400g弱といわれており、大人になるまでに、さらにその約３倍近く脳を大きくしなければいけません。ちなみにサルやチンパンジーの脳は、生まれた段階ですでに大人の80〜90％くらいの重さや大きさがあります。

また、脳は少しでも栄養が途絶えるとすぐにその成長や発達にさまざまな支障が生じます。そのため、安定した栄養の供給がなにより重要です。

2章 保育におけるアタッチメント

Part.1 乳幼児の特性を理解する

乳児観の移り変わり

　かつて乳児は無力な存在と考えられていました。生まれた段階はまっさらな白紙のような状態であり、個性はもっておらず、受け身。大きくなっていく成長の過程で、しつけや教育を受け、さまざまな能力や知性を身につけていくといった考えです。

　しかし1970年代から80年代の間に乳児に関する研究が進展し、その見方が大きく変化しました。例えば、乳児は誰に教えられることもなく、自らいろいろなものを見にいこうとしたり、においをかごうとしたり、好奇心旺盛に周りの環境からいろいろな情報を引き出そうとします。

　また、乳児には一人ひとり生まれもった「気質」や「個性」があることもわかってきました。ちょっとした物音でびっくりして泣き出すこどももいれば、大きな物音がしても気にせずに眠り続けるこどももいます。また、お腹が空いたり眠ったりするリズムなど、生理的な周期が安定しているこども、逆に不規則でわかりづらいこどももいます。これらも立派な個性のあらわれです。

　これらの乳児観の移り変わりからいえることは、生まれてすぐの段階からヒトのこどもはさまざまな力を備えもち、一人ひとり違う個性が存在するということ。そしてその個性に合ったかかわり方をする必要がある、ということです。それが身近な大人の重要な課題だと考えられるようになってきました。

〖 乳児観の移り変わり 〗

無能 ➡ 有能

受動的 ➡ 能動的

無個性 ➡ 個性的

アタッチメントの前段階「ジョイントネス」

　特定の人との特別なつながりであるアタッチメントは、日々のかかわりのなかから形成されていくものです。そのかかわりを引き出す力を、乳児は生まれながらにしてもっています。

　例えば見た目のかわいらしさやぎこちない動き、表情の変化などに多くの人は引きつけられます。そして、ずっと見ていたくなり、話しかけたくなり、抱っこしたくなるのです。これは習って覚えた訳ではなく、全世界のどんな文化や地域の人たちもこうした姿に魅力を感じ関心を引きつけられます。

　ほかにも、乳児が応答をする姿も、かかわりを引き出す力といえます。乳児は周りに人がいるとじっと見つめます。そして、ただ見るだけではなく、いろいろな表情を見せては変化させます。さらに「あー」「うー」という声を出し、コミュニケーションをとっているかのようにふるまいます。

　このように、自然な形で人とつながる姿を「ジョイントネス」とよびます。ジョイントネスはアタッチメントの前段階であり、だれかれかまわず人とつながろうとする状態です。正確な意味は「互いに感じて応答し合い、情緒的につながること」です。ジョイントネスは相手がだれであっても見られるものですが、かかわる機会が多い保護者や保育者との十分なジョイントネスの経験を重ねることが、安定したアタッチメントの形成へとつながっていきます。

2章　保育におけるアタッチメント

ジョイントネス　→　アタッチメント

Part.1 乳幼児の特性を理解する

（ 感情の発達 ）

アタッチメントは崩れた感情を整えるために必要なものです。その感情はどのように発達していくのかを改めておさえておきましょう。

❶ ║ 新生児期

「快」「不快」「興味」

生まれたときから、「快」と「不快」は備わっています。さまざまな刺激に対する「興味」も新生児期からあります。笑ったり怒ったりするような表情を見せることもありますが、それがこどもの内面と一致した感情であるとは限りません。

❷ ║ 生後半年くらいまで

「喜び」「悲しみ」「嫌悪」「怒り」「恐れ」「驚き」

生後半年くらいまでに「快」は「喜び」へ、「不快」は「悲しみ」「嫌悪」、そして「怒り」「恐れ」「驚き」へと感情が分化され、多様化していきます。

それらの感情は、ものごとを理解したり判断したりする認知機能や体を動かす運動機能、また自分がどういう特徴をもった存在なのかという自己理解の発達とともに備わっていきます。

❸ ║ 1歳半くらい

「自己意識」に関連する感情

自分は本来こういうものだ、ということを本人が認識できる「自己意識」が成立していきます。また、自己意識の発達にともない、自分がまわりの人からどう見られているのか、他者も意識するようになり、「照れ」「共感」「羨望」などの感情も生まれます。

❹ ║ 2歳半くらい

「自己評価」に関連する感情

さまざまなルールや基準に興味をもつようになる時期です。それにともない、自分がそのルールや基準にかなった行動をしているかによって生じる「恥ずかしい」「誇らしい」「罪悪感」など「自己評価」に基づく感情が生まれます。

（「運動機能の発達」と「心の発達」は連動する）

感情と運動は密接に関連しています。生後半年くらいの乳児には、「恐れ」のようなネガティブな感情はまだあまり多くはありません。なぜならば、こどもがまだ移動手段を獲得していないからだといえます。自分で動けるようになってくると、はいはいをしたりつかまり立ちをしたりするなどの運動経験により、つまずいたり転んだりすることがでてきます。そのなかで、痛い思いをしたり、怖い気持ちになったり、不安を感じたりするなど、ネガティブな感情も徐々に多く生じるようになりますが、それは感情の発達全般を促すことにもなる、欠かせない経験です。

また、こどもだけでなく、かかわる大人もこどもの動きが活発になるにつれ、危険を察知すれば動きを止めたり、叱ったりと、こどもへのかかわり方に変化が出てくるでしょう。そういった今までのかかわりにはなかった感情を大人から向けられることも、こどもの感情が複雑化、多様化される要因です。

（ 動くことで自分の世界や感情が変化していく ）

こどもが自分で移動能力を獲得すると、大人との距離感にも変化が生まれます。それまでは抱っこをされた状態のような至近距離でのコミュニケーションが主だったのが、距離が生まれることにより自分の意思を明確に伝えないと思いを感じとってもらえない状況に変わります。そのため、自分の感情の伝え方やコミュニケーションのとり方は、行動の範囲が広がるほど洗練されていくのです。

つまり、動くことで自分の周囲にある世界やものの認識が変わり、それにともない感情も変わっていくのです。

2章　保育におけるアタッチメント

Part.2 保育とアタッチメント

（ 乳幼児期に必要な「教育」とは ）

　日本の保育は、長い間「お世話・養護・ケア」といわれる部分が強調されてきました。そして、「こどもと遊んでお世話をしていればいいんでしょ」という、あたかもだれにでもできる簡単なことのように誤解されていることもありました。もしかすると、今もまだそのような誤解は完全には消えていないのかもしれません。

　そして今、「養護」に加えて「教育」を早くから始めることが大切だ、という論調が高まっています。しかし乳幼児期において重要なのは「養護＋教育」のように「養護」に加えて「教育」もということではなく、「養護／教育」のように「養護」と「教育」が表裏一体の関係をなしているという見方だと思います。

　ここでいう乳幼児の「教育」とはいわゆる読み書きといったお勉強ではなく、質の高い「養護」を通して生涯にわたる心身の健康や幸福の基盤を築くことをいいます。その基盤というのが「非認知的な心の力」であり「自己と社会性の力」です。「養護」と「教育」は表裏一体のものとして、「養護」の質を高めることが「教育」の質を高めることでもあるといえます。

　ともすると大人は短期目線で、乳幼児期からこどもの頭のなかにどれだけの認知的な情報が備わっているかということに目を向けがちです。しかし、より大切なことは、長期目線でこれから先にこどもが自分に必要な情報を自分で探し、集め、創造する非認知的な力を養うことといえます。

「2つの社会的世界」に生きるこどもたち

　近年こどもは「家庭」と「園」の「2つの社会的世界に生きている」といわれています。家庭と園の連携やコミュニケーションはとても重要で欠かせないものです。その一方で、そもそも園は家庭とは異なる場であり、違う役割が求められている、という積極的な意味も忘れてはいけません。つまり保育者は「親代わり」ではなく、家庭の外で築かれるもうひとつの避難所や基地として、集団の場ならではの役割があるということです。

　ある研究では、こどもが家庭の外で最初に出会う大人との安定したアタッチメントの質が、その後の集団生活への適応のしやすさを左右するという結果がでています。それは保育者とのアタッチメントの良好さが、今後こどもが学校など集団生活を楽しく過ごせることにつながる、ということなのです。

　また、家庭の外で築かれるアタッチメントが、親子関係に不足しているものを補うことも十分にあり得るといわれています。

　低年齢のうちから園を利用することで、親子間のアタッチメントが安定しなくなるのでは、という心配をする人もいるかもしれません。しかし、基本的に人は生涯にわたって集団のなかで生きています。早くから家庭の外で親以外の大人に出会い、安定したかかわりを経験できるメリットはとても大きいものといえます。

家庭の外で最初に出会う大人との安定したアタッチメントが……　→　その後の集団生活への適応のしやすさにつながる

保育者に必要な2つの敏感性

園のあり方として「家庭的な雰囲気を大切に」ということがよくいわれます。確かに重要なことではあるのですが、集団で生活しているときのこどものケアやアタッチメントのあり方は、家庭とはそもそも違うということを保育者は頭においておく必要があります。それは、保育者が親の代わりとしてこどもに接することが、かならずしも正解ではないということです。

そこで、「二者関係に関連した敏感性」と「集団生活に関連した敏感性」という保育者に求められる2つの敏感性を紹介します。ここでいう敏感性とは、こどものシグナルを的確に察知し、素早く応答する力です。

① 二者関係に関連した敏感性

こどもと一対一のかかわりのなかで発揮される敏感性のことを指します。一人ひとりのこどものサインや求めているものをいち早く読み取り、適切に対応する力です。

② 集団生活に関連した敏感性

こども同士のやりとりに目を配り、集団全体が楽しく安全に過ごせるようにかかわっていくことを指します。一人ひとりのこどもと直接かかわる時間が少なかったとしても、集団での遊びや生活に関連した敏感性の高い保育者とこどものアタッチメントは、安定的なものになる傾向があります。

集団の楽しさや安全を支える保育者は一対一の関係も良好

　保育者に必要な２つの敏感性に関する調査において、「二者関係に関連した敏感性」のみを重視したかかわりでは、こどもの集団の規模が大きくなるにつれて、一人ひとりのこどもとの関係が悪化するというマイナス面が明らかになっています。つまり、たくさんのこどもがいる状況では一人ひとり個別に的確に対応することは難しいということです。

　一方で「集団生活に関連した敏感性」の高さは集団の規模や保育者一人あたりのこどもの数にあまり左右されることなく、こどもとの良好な関係を維持することにつながります。つまり、こどもは一人ひとりのレベルでは、保育者との直接的なかかわりの時間が短くても、こどもたち同士で楽しく遊べることや、安心し

て生活できることに配慮し、支えてくれる保育者に対して厚い信頼を寄せるということです。「二者関係に関連した敏感性」ばかりでなく「集団生活に関連した敏感性」も重視し、こども同士のさまざまなやりとりに気配りができていると、一人ひとりのこどもとの関係も良好なものになるといえるのです。

　こども側も保育者に親と全く同じ役割やケアを期待している訳ではなく、むしろ園環境におけるこども同士のやりとりに目配りができ、それが円滑に安全に集団生活が展開されるように支え、促してくれる保育者を求めているともいえるのです。

2章　保育におけるアタッチメント

園環境の留意点

　園生活におけるアタッチメントの形成において気をつけたいことがあります。それは、こどもがだれにくっつけばよいか見通しが立たない状況をつくらない、ということです。例えば手が空いている大人が代わる代わるこどもの排泄や食事など生活の援助を行っていては、こどもはだれを頼ればいいのかわからず、混乱を招きやすくなります。

　担当制をとるかどうかにかかわらず、こどもにとって一番大切なことは「困ったとき、助けを求めたら○○先生が必ず応じてくれる」といった、確実な安心感がもてる見通しです。そのほかにも、その見通しが大きく裏切られないことや、仮に裏切られた場合でも、できるだけ早く修復されることが大切です。

安心感を得にくい こどもが混乱する状況

〖 その都度かかわる大人が違う 〗

　食事や排泄など、ケアにあたる保育者がその都度違うことは、こどもにとっては大きな不安になり、アタッチメントの対象となる「特定の人」が定まりにくくなります。

〖 担当の保育者の不在 〗

　育児の担当制をとっている場合、保育者とこどもの結びつきが強くなる一方、担当保育者が不在だったり、対応ができなかったりすることが続くと、こどもの混乱を招きやすくなります。

安心感につながる 園環境の留意点

● 見通しを大きく裏切らない

できる限りこどもの見通しの通り対応し、保育者を求めてきたこどもを受け入れるようにします。

● こどもの期待に応えられなかったときは、できるだけ早く修復する

こどもが求めてきた保育者が手いっぱいなときなどは、ほかの保育者がフォローしたうえで、できるだけ早いタイミングで「ごめんね」という気持ちとともにそのときのことを話すなどして、関係の修復をはかるようにします。

● だれが「安心の基地」かを明らかにする

「この場では〇〇先生が対応する」ということを徹底します。また、「〇〇先生がいない場合は△△先生が対応する」ということも決めておくとよいでしょう。

感情の立て直しと、気持ちの映し出し

こどもが自分の崩れた感情を元に戻すときに必要なのは、物理的なくっつきによる感情の立て直しと、共感的なかかわりによる心や身体の状態の映し出しです。

こどもは自分が恐怖や不快さを感じたときに、それを言葉にする術をもっていません。こどもにかかわる大人がこどもの状態を表情や言葉にして、たとえば言えば自分が「鏡」になって映し出すことで、こういう状態は「悲しい」ということなんだ、ということを徐々に理解していきます。そうやって、気持ちを映し出してもらう経験を積むことで、さまざまな感情に名前があることを知り、いろいろな感情をあらわす言葉を獲得していきます。

気持ちや身体の状態をあらわす言葉を獲得すると、的確に自分がしてほしいこと、してほしくないことを相手に伝えられるようにもなります。機嫌が悪くただ泣くだけではなく、「悲しい」「痛い」「暑い」などの言葉を使うことで、その状態に合った対応や手助けを得られやすくなります。

また、自分だけでなく、ほかのこどもや大人にも「悲しいのかな」といった言葉を使いながら、相手の状態や気持ちを的確に読み取っていくようにもなります。こどもが自分の気持ちや人の気持ちをどれだけ正確に理解できるかは、幼いときにどれだけ心の状態に関する言葉をかけてもらったかが関係しています。

こどもの気持ちを代弁することは、アタッチメントを形成するなかで大人の大切な役割として覚えておきましょう。

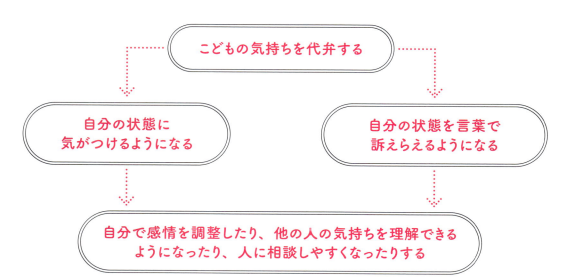

（ 共感的なかかわりの必要性 ）

　ある研究者が、初めて注射をされるこどもに付き添う場面での親の反応を調べたところ、親の反応には大きく分けて３パターンあることがわかりました。

タイプ1　こどもの不安にはふれず、自らもまったく動揺せず、表情も変えることなく「大丈夫だよ」と言って、こどもの気をそらす。

タイプ2　こどもと同じような表情になって「怖いね」と気持ちに寄り添いながら「わたしがいるから大丈夫よ」と言い、気持ちをなだめる。

タイプ3　こどもの不安や恐れに巻き込まれ、ひたすら一緒に動揺してしまう。

　この３つのタイプのなかで、一番早く泣き止んだのは **タイプ2** の親のこどもでした。
　この調査から、こどもの感情が崩れたとき、ただなぐさめるのではなく共感し、その気持ちを映し出すことが重要だとわかります。つまり、こどもの揺れる感情に心を寄せ、共感しながらなだめ、その状態にふさわしい言葉で感情を立て直すことがこどもがかかわる大人に求められる大切なかかわり方なのです。このような経験の繰り返しにより、こどもは自分の感情に気づき、調整ができるようにもなっていきます。また、共感的なかかわりはこども自身の共感性を育むことにもつながります。共感性は、社会性のカギとなる重要な心の力（非認知能力）です。

自発的な遊びの重要性

　安定したアタッチメントが形成されているこどもは、なにかあったとしてもそこに行けば大丈夫、という見通しを立てられます。その安心感と見通しに支えられると、自分からどんどん探索や挑戦の活動に出て自発的な遊びを展開していくことができます。こどもは安心感と見通しがあることで、今度は探索や挑戦をして自分の可能性を広げたい、新しいものに出会いたい、という健全な欲求をもつことができるのです。

　こどもの探索や挑戦の活動は「科学者と同じだ」とよくいわれます。科学者というのは、仮説を立てて実験をします。こどもの探索遊びでも「これはこうかもしれない」と自分の頭のなかで仮説を立てて遊びます。「こうだとしたら、これであれもできるかな？　やってみよう！　できた！　じゃあこっちもできるはず……」と好奇心が次々にふくらんでいきます。しかし、すべてがうまくいくわけでなはないので、失敗もあります。そして、失敗をしたら、また仮説を立て直し実験する。これが、こどもがなにかに夢中になっている状態です。

　大人からすると「なにがそんなに夢中にさせるのか……」と思うことを何時間も行っていることがあります。そのような状態こそ、こどもの頭のなかでは、高水準の知的な営みが生じ、頭をよく使っている状態だといえます。この好奇心に従っていろいろな探索や挑戦をし、仮説を立て実験を繰り返す。これ自体がこどもにとっては一番の喜びでもあるのです。

自発的な遊びに夢中になっているとき一番頭を使っている

こどもがなにかを行うとき、「なにかできるようになった」という結果が一番重要なことではありません。この時期において一番重要なことは、結果はどうであれ、こどもが頭をよく使う経験をもてているかどうかです。一番頭を使っている状態とは、好奇心をもって、自発的な遊びに夢中になっているときです。頭をよく使う経験によって培われる力には、情報処理能力・思考力・想像力・創造力などがあります。

大人はつい、成果や結果に目を向けてしまいがちですが、「こどもがこどもなりに楽しんで遊んでいる」という、過程こそが大切、ということに目を向けてほしいと思います。

かつてのように、社会一般の常識や大人が言ったことを、ただ素直に受けとめ、一生懸命に勉強して身につけたことが、こどもの将来につながるという時代ではもはやなくなっています。こども自身が自発的に考えて行動に移す力が必要です。そのために保育者は「なにかを教え込む」のではなく、こども自身ができそうなことを「支える」、そして「応援する」ことが重要です。そうすることで、こどもの活動やその子の可能性は広がっていくのです。

仲間との集団での遊びも重要

こどもは当然ひとりだけではなく、仲間とも集団で遊んでいます。集団で遊ぶ際いざこざが発生してしまうこともありますが、こどもはこどもなりに駆け引きや交渉を通してそれらを解決しようとするものです。こどもはそこで、ひとり遊びとはまた違った意味ですごく頭を使っているのだといえます。

「環境を整える」とは

　こどもがアタッチメント対象である大人の元を離れて遊んだり活動を始めたりした際、保育者は探索に出ているこどもの世界に踏み込まないようにしたいものです。そのために重要なことは、こどもが活動をしやすい環境を整えておくことです。環境を整えるポイントをおさえておきましょう。

▶ なにがどこにあるのかをわかりやすく

　こどもが活動しやすい場にするためには、こども自身の興味・関心があるものにこども自らが探索に向かうことが必要です。そのためには、なにがどこにあるのかをわかりやすく整理し、こども自身が遊びを選択できるような環境にする必要があります。

▶ 安全に遊べる空間

　こどもが頻繁に痛い思いをしたり、怖い思いをしたりするような環境では、安心感の輪は広がりません。よくぶつかったり、転んだりするような家具は配置を変えたり、触ると危険なものや発達に合っておらずトラブルの元になるような玩具は置かないなどの配慮が必要です。

● こどもの興味・関心に沿って

こどもの脳の働きが一番活発になるのは、こども自身が興味をもった遊びに夢中になって取り組んでいるときです。特に、乳幼児期の段階では、自発的な遊びをどれだけ楽しめ、没頭できたかが、知的な能力を含めた脳の働きを左右します。

一人ひとりのこどもがなにに興味・関心をもっているかを常に観察し、発達に合った玩具や道具を準備することが必要です。そのために保育者同士で情報を共有し、それをヒントに保育を展開していくことが大切です。

● 遊ばせよう、使わせようとしない

どんなにいい玩具や道具があっても、無理にこどもに遊ばせよう、使わせようとしないことが重要です。こどもはあらゆる不安から解放され、自発的に遊びにのめり込める状況でこそ脳の働きが活発になります。さりげなく差し出したり、遊び方の見本を示したりする程度にするなど、こどもの遊びに干渉しすぎない距離感を意識しましょう。

「あたたかく見守る」とは

　こどもが遊びや活動に集中し、夢中になるためには、環境を整えることと同じくらい重要なことがあります。それは「あたたかく見守る」ことです。しかし実際に「あたたかく見守る」とはどのようなことを指すのでしょうか。具体的なふるまいを考えてみましょう。

● こどもの視線に応える

　こどもは不安になったときだけでなく、自分の発見や活躍を見てほしいときや、大人の存在を確認したくなったときなど、こちらが思っている以上に大人の方を見ています。そんなときは「見ているよ」「いいもの見つけたね」「楽しいね」などと声をかけたり微笑んだりすると、こどもは「見守ってもらえている」という確信と安心感を得て、またのびのびと遊んだり活動したりすることができます。

● 声をかけるタイミングを大切に

　こどもが夢中になり集中して遊んでいるときは、むやみに声をかけない配慮が、あたたかく見守ることにもつながります。言葉をつぶやきながら遊んでいたり、黙々と手を動かしていたり、対象をじっと見つめて動かず止まっていたりするときは、集中していたり夢中になっていたりする状態といえます。そんなときは心のなかでエールを送るに留めるなど、言葉をかけるタイミングを大切にしましょう。

● 指示・叱責を減らす

「見守る」ということは「監視」ではありません。こどもの行動に目を光らせ「そんなことをしてはダメ」「こうやってするんでしょ」と叱ったり指示したりしていては、こどもは萎縮するばかりです。

もちろん命にかかわるような危険なことや、人に危害を加えるようなことは止めなければいけませんが、制止してばかりでは危険に対処する力もつかなくなります。

● 先回りせず、失敗の経験を大切にする

大人の目から見たら「これは失敗するな」「こうすれば簡単にできるのに」ということがあきらかな場面でも、こどもにとっては学びが得られる大切な機会です。

保育者の多くは、日頃こどものシグナルをいち早く察知する「敏感性」を求められることが多いがゆえに、先回りをしてしまう傾向があるようです。しかし、失敗の経験に価値があることを頭におき、むやみに手を出さない、というかかわり方も意識して実践してみましょう。

Part.3
保護者にも伝えたい
アタッチメントの重要性

（ 保護者との連携 ）

　こどもの安定したアタッチメントを形成するためには、保育者だけでなく保護者にもアタッチメントの重要性を知っておいてほしいところです。保護者のなかにはこどもが泣いたり、助けを求めたりする姿を「わがまま」や「甘え」と受けとり、それに応えることがわがままを助長し自立を遅らせると考え、あえてこどもを突き放す方もいるかもしれません。多くの保護者はこどものことを勉強し、子育ての予習をしてから親になるわけではありません。

　保育者はぜひ日頃の会話や連絡帳、おたよりなどを通してアタッチメントの重要性やその築き方をていねいに伝えていってほしいと思います。伝える際は「教える」ではなく「気づきを伝える」姿勢を大切にしながら、保護者にとっても保育者や園が「安全な避難所」や「安心の基地」と思えるような関係を築いていくことが必要です。

保護者自身の安心感もサポート

保育の現場はこどもだけでなく、保護者にとっても安心感を得られる場となることが期待されています。なぜならば保護者がこどもにとって「安全な避難所」と「安心の基地」の役割を果たすためには、保護者自身にも支えや安心が必要だからです。

そこで保護者の安心感をサポートするための3つポイントをお伝えします。

保護者の安心感をサポートするポイント

① まず、こどもが園生活を満足して送れるように

こどもが安心して園生活を送れていることが、保護者にとってはなによりの支えとなります。

② 園での姿やかかわり方のコツを伝える

こどもとのかかわり方に難しさを感じている保護者がいれば、かかわり方のコツを伝えます。その際、初めのうちはこどもの小さな変化を共有し、一緒に喜び合うことから始めてみましょう。「○○の場面で□□をするとご機嫌になり、わたしまでうれしくなりました」といった具合です。そして保護者が「もっと知りたい」「どうすれば□□が家でもできますか」となったときに、より具体的なかかわり方を伝えるようにするとよいでしょう。場合によっては実際にその場面を実演してみてもよいかもしれません。

③ 保護者同士をつなげていく

困っている保護者のなかには、孤独感をもった人もいるかもしれません。そのような場合、保護者同士をつなげる機会を保育者が意図的につくることも有効です。保護者のなかには保育者からの具体的な助言より前に、保護者同士で何気ない会話をし、つながりをもちたいと思っている方も多くいることを頭においておきましょう。

Part.3 保護者にも伝えたいアタッチメントの重要性

アタッチメントに関する文例

アタッチメントの大切さや築き方を伝えるのは、おたよりや連絡帳、掲示板のお知らせなどのツールが最適です。一度にすべてを伝えるのではなく、内容を変えながら何度でも伝えられるといいですね。ここではそのまま使える文例を紹介します。

アタッチメントってなに？

　こどもは自分が困ったときや不安になったとき、身近にいる特定の人にくっつこうとします。そうやってくっつくことで不安や恐怖が徐々に和らぎ、「もう大丈夫」という安心感を得ることができます。このように恐れや不安などネガティブな感情を経験したときに、信頼できる特定の相手にくっつきたいと思う気持ちやその行動を発達心理学の世界では「アタッチメント」といいます。

　この何気なく当たり前のように思えることが、こどもの成長において実はとても大切な経験です。この経験を積み重ねることで「自分はほかの人にとって大切な存在なんだ」「自分には生きる価値があるんだ」「人って信じていいんだ」という感覚を無意識のうちに身につけていきます。この感覚が、成長したときに心の安定となり、良好な人間関係を築くための大切な土台になります。

アタッチメントとスキンシップは違う

　「こどもとのアタッチメントが大切」と聞くと「たくさん長く抱っこをしてあげることが大切なんだ」と思われるかもしれませんが、実はそうではないのです。

　アタッチメントそのものには「くっつく」という意味がありますが、ふれあいを楽しむ意味をもつ「スキンシップ」とは異なります。スキンシップはもっと遊んでほしくてくっついていたり、肌と肌とのふれあいに心地よさを感じてくっついていたりする状態です。それに対し、アタッチメントは不安や恐怖など、あくまでこどもの感情が崩れたときに作動する行動のしくみです。もちろんスキンシップもこどもの成長のためにとても大事なことですが、アタッチメントとは区別して知っておくとよいでしょう。

アタッチメント形成において、先読みのしすぎは注意

こどもは自分が不快な状況にあるとき、周囲の大人に働きかけ不快な状況を抜け出すことで「自分には状況を変える力がある」という「自己効力感」をもつことができます。そのため、こどもの成長を考えたとき、「欲求の先読み」が過剰になってしまうことは、望ましいこととはいえません。先回りをしすぎてしまうことで、こどもが自ら困難な状況で行動を起こす機会を奪ってしまうことにもなるからです。

大切なことはこどもから「助けて〜」とサインが出たタイミングで、あたたかく共感的に応えることです。その経験の積み重ねで安定したアタッチメントはつくられていきます。

安定したアタッチメントに必要な「共感」

恐れや不安などネガティブな感情を抱えたこどもへの対応は、物理的なくっつきだけでなくこどもの気持ちを映し出すような共感的なかかわりが大切です。

たとえば、ネガティブな感情を抱えたこどもと同じような表情をして、「痛かったね」「さみしかったね」「怖かったね」「びっくりしたね」「気持ち悪かったね」など、こどもの心の状態を言葉にします。大人が共感的にかかわり、その感情に名前をつけていくことで、こどもは自分の心の状態が整理され、気づけるようになります。

自分の気持ちや人の気持ちをどれだけ正確に理解できるようになるかは、幼い頃にどれだけ心の状態に関する言葉をかけてもらったかによって、左右されることがわかっています。

column 1

アタッチメントだけでない こどもにとって大切なかかわり

　こどもは身近な大人とかかわりながら成長していきます。アタッチメントはそのかかわりのなかのひとつであり、非常に重要な役割を占めるものの、こどもと大人の関係はそれだけでは語れません。例えば下記の2つもこどもの成長にとって重要なかかわりであることを頭においておきましょう。

相互的なやりとり

　アタッチメントはこどもがネガティブな感情をもっている状況で、信頼できる大人を求めるかかわりです。そこには、保護ー被保護の関係が存在します。それに対して相互的なやりとりは大人とこどもが対等な立場にあって、遊びやそのほかのさまざまな活動において、お互いの気持ちをオープンに交わしあい、やりとりをすることを指します。

　こどもは楽しくてもっと遊んでほしい、もっと知りたいというようなときにも大人に近づきます。このようなポジティブな感情を経験しているときに、大人に求めるかかわりのなかで生まれる相互的なやりとりも、こどもの発達において重要なやりとりです。

あたたかく優しい雰囲気

　アタッチメントや相互的なやりとりは、こどもがかかわりを求めてきたときに、大人が応える方法です。それとは別に、こどもと大人が直接やりとりをしなくてもこどもの近くで優しくあたたかい雰囲気をかもし出すことで、こどもは安心の空気のようなものに守られながら自分はここでさまざまなことをして過ごしていいのだ、という感覚のなかで生活をすることができます。こうした日常生活全般にわたるあたたかい雰囲気も、こどもの発達にとって重要です。

3章

アタッチメントの視点で考える

保育の事例

アタッチメントの視点をもって保育の場面を見てみると、こどもへの理解が深まり、適切な対応のヒントにもつながります。一緒に考えてみましょう。

事例 ❶

警戒心が強いままのKちゃん（2歳）

❙ 園での様子 ❙

　入園して半年ほどたった2歳児クラスのKちゃんは、いまだにどの保育者に対しても警戒心を抱いている様子です。例えば登園時は泣いて来ることが多く、保育者が言葉をかけてもソファーでそっぽを向いてしくしくと泣くばかり。また、食事や排泄の介助を保育者がしようとすると「しないで！」「こっち来ないで！」と言い、保育者を拒絶するような言動がよく見られます。

アタッチメントの視点で読み解いてみよう

気質や個人差による不安の強さなのかも

こどもがもって生まれもった気質のひとつとして、怖がりやすい、不安を感じやすいということがあります。そのような場合、父親や母親など、特定の養育者との分離や見知らぬ人や場所に対して強い警戒心をもつことが多くあります。Kちゃんはその気質に該当するのかもしれません。

加えて、アタッチメントの個人差としてアンビヴァレント型（P.26参照）、ということも考えられます。このタイプは体はくっついていてもなかなか気持ちのくっつきを感じにくいため、安心感に浸りづらい傾向があります。

園のなかで頼れる人が見つかっていないのかも

警戒心の強いKちゃんに対して、よかれと思って多くの保育者がかかわっていることがあるかもしれません。しかしこれがかえってKちゃんのなかで混乱を招き、だれに頼っていいのかわからない状況になっているかもしれません。

また、毎日不特定多数の保育者がクラスに出入りするような体制であると、このような混乱は助長されることもあります。

3章 アタッチメントの視点で考える保育の事例

対応のポイント

まずは特定の保育者と信頼関係をつくる

不特定多数の保育者が代わる代わるかかわるより、まずは特定の保育者と関係を築くことが大切です。そのときに重要なことは、無理に関係をつくろうとせず、まずはKちゃんの近くにいて、そっと見守ったり、タイミングを見て名前を呼んだり声をかけたり、あたたかい視線を送ったりすることから始めましょう。こどものペースを大切にして"踏み込まない"ということがとても重要です。なぜならば、このようなタイプのこどもは、積極的に遊びに誘ったり、生活援助をしようとしたりすると、拒否をすることが比較的多いからです。

基本的には見守りの姿勢から始め、見守るなかでKちゃんの興味・関心を見つけ、Kちゃんが関心を示してきたところで少しずつ応答をしてかかわっていくことを心がけ、関係を構築していきましょう。

こども自身が生活の見通しのもてる配慮を

もし、日頃から多くの保育者がクラスを出入りせざるを得ない環境の場合、可能であればシフトを工夫して、できるだけ同じ保育者が同じ時間にこどもにかかわることが理想です。「朝は○○先生がいて、しばらくしたら担任の△△先生が来る。おやつを食べた後には□□先生がやって来る」といった一日の見通しをこども自身がもてるということは、とても大きな安心感につながります。それは不安をもちやすいKちゃんだけでなく、すべてのこどもにとっても安心した園生活を送ることにもつながります。

シフトの制約等でそのようなことが難しい場合であっても「朝は○○先生がいるよ」「明日は△△先生が来るよ」など、こどもがわかる範囲で伝えることが重要です。それだけでもこどものもつ安心感には大きな違いが出てくるでしょう。

新しく園に来たこどもが
安心感をもつために

　新しく園に来たこどもが、これからの園生活を安心して楽しく過ごせるようにするため、園との最初の出会い方は非常に重要です。こどもと園がよい出会い方をするための取り組みのひとつとして「慣れ保育」「出会い保育」があります。（「慣らし保育」ともよばれていますが、ここではこどもを主体とした表現である「慣れ保育」や「出会い保育」とよびます。）

　「慣れ保育」は、こどもの主な安全の避難所であり安心の基地である親と一緒に、初めは短い時間だけ園で過ごし、園の雰囲気を徐々に知っていきます。また、慣れ保育期間中に親と保育者が話すところを見て、親と楽しそうに話している人であれば大丈夫そうかな、と感じることもできます。そのような体験を少しずつ積み重ねることで、本格的な園生活が始まってもスムーズに移行できることがわかっています。

　ほかにも新入園児が園に安心感をもつために、入園してすぐは、園生活のルールを見直したりゆるめたりすることも、こどもの安心感につながるでしょう。例えば登園したら活動着に着替える、今着ていた服を畳んでしまう、タオルをセットし、コップを出し……などなど、新しい環境に落ち着かないこどもにとってはかなりハードルが高いことです。それよりまずは、そのこどもがすぐに「遊びたい」「試してみたい」と思えるような環境を用意し、園は楽しくて安心できる場所だ、と感じてもらう方が優先ではないでしょうか。

　また、入園当初のこどもによく見られる光景ですが、特定のアイテム（タオルやぬいぐるみなど）をもってきて、精神的な安心感をもとうとするこどももいるかもしれません。もしそのようなこどもがいても、それを無理に引き離すことは決しておすすめしません。心の拠り所にしているものを急に離されると、かえって気持ちが不安定になったり、園や保育者に対して不信感をもったりすることにもなりかねません。園が楽しい場所ということがわかり、保育者に対して安心感をもつようになれば、それまで心の拠り所となっていたものをこどもは自然と手放すようになります。まずはこどもの不安に寄り添い、あたたかく励ますことを大切にしていきましょう。

3章　アタッチメントの視点で考える保育の事例

67

事例❷

危険で攻撃的な言動の多いSくん（4歳）

◦◦ 園での様子 ◦◦

　4歳児クラスのSくんは、突然高いところに登ってそこから飛び降りてみようとしたり、自分の頭をわざと壁にぶつけてみたりといった危険な行動をとることがあり、保育者をヒヤヒヤさせます。また、友だちや保育者に対して「ばかやろー」と叫ぶなど暴言を吐き、そのことを注意すると、保育者を突き飛ばすなど攻撃的な言動も目立ちます。

　これらの行動は不注意や衝動から起きているのではなく、どちらかというと保育者の顔色を見ながら行っているように見えます。

アタッチメントの視点で読み解いてみよう

> **究極の方法**をとり、**大人の関心**をひこうとしているのかも

　危険な行為や攻撃的な言動は、一見するとアタッチメントとは関係のない行動のように思われるかもしれません。しかし、これも安心感を得るために行っている、究極の方法と考えることもできます。

　Sくんのような行動は、英語で「セルフエンデンジャメント」ともいわれ、危険のなかに自ら飛び込んでいくような行為を指します。「試し行動」とよばれるものにも共通します。

　普通のことをしていても、自分は注目してもらえない。だったら自分や他人が傷つくような危険で乱暴な言動をとれば注目してもらえるかも……。傷ついたらケアしてもらえるかも……。どこまでこの大人は受け入れてくれるのか……。そうやってこどもなりに考えてたどり着いた方法だともいえます。

> 日常の生活のなかで、**安心感に浸れる場面が少ない**のかも

　なぜこのような究極の方法を選択するのか。それは、日常の生活のなかで養育者との関係が希薄であるため、安心感に浸れる場面が少ないことが考えられます。

　これは虐待のような特殊な状況だけで起こることではありません。たとえばきょうだいが多かったり、保護者が多忙だったりして、そのこどもへ関心が向けられていないようなよくある状況のなかでも起こり得ることです。

　注意欠如・多動症等の発達障害を疑われることもあるかと思いますが、違いはこどもが意図をもってその行動をとっているかどうかです。周囲の大人の様子や顔色をうかがいながらこどもなりに「こうしてみよう」といったねらいをもってやっているような場合は、試し行動であるといえます。

対応のポイント

Sくんのありのままの気持ちを受けとめる

　大前提として、危険や怪我をともなうような行動は止める必要があります。ただ、その行動を叱るということだけでは、Sくんが潜在的にもっている欲求は満たされないでしょう。「危ないでしょ！」「怪我するでしょ！」「そんなことしちゃだめでしょ！」ということはSくんが一番わかっており、わかったうえでやっていることが多いからです。

　まずはこのような行動をとるSくんの「大人と一緒にいたい」「どうにかして安心感を得たい」というありのままの気持ちは否定せずに受けとめることが大切です。気がかりな様子のこどもほど、まずは共感的なかかわりや、そのこどもの気持ちにぴったりとくる言葉をかけることから始めてみてください。そのような働きかけが、人と気持ちが通じ合う実感となり、安定したアタッチメントの経験にもなり得ます。

気にかけてもらえている、という実感がもてるような働きかけを

　具体的な対応方法としては、やはり最初は特定の大人との安定したアタッチメント関係を形成することがよいでしょう。一対一の対応を増やし、「危険なことや乱暴なことをしなくても、私はあなたのことを見ているし、気にしているし、考えているよ」ということをこどもが実感できるよう配慮します。たとえばそのこどもの名前を少し多めに呼ぶ。目が合ったら手を振る。そのこどものよい姿があれば、どんな小さな姿でも見逃さず認める言葉をかける。また、安心感をもちづらいこどもはこどもの間でも孤立しやすいので、よい姿はほかのこどもにも伝え、友だちと遊べるようにつなげていくことも大切です。

　このようなささいに思えることを日々の保育のなかで継続することで、試し行動のようなものは少しずつ落ち着いてくるでしょう。

問題と思える行動は、こどもからのメッセージ

　こどもが極端に甘えてくる、乱暴になる、危険な行動を自らとるなど、行動上の問題が起きたとき、大人はその行動をとにかくなんとかやめさせよう、変えようとするでしょう。しかし、そうした行動はこどもからのメッセージだととらえてみてください。そうするとその行動の背景にある、そのこどもなりのアタッチメントの欲求が存在していることに気がつきます。すると、ただ行動を抑えよう・変えようとするアプローチとは違ったかかわり方が徐々に可能になっていきます。

　こどものアタッチメント欲求への気づきを理解するためには、まず「視点」をもつ必要があります。そんなときは、「安心感の輪」（P.18、19参照）を参考にしてみてください。こどもは今、安心の基地から離れた「探索」をしている状態なのか、もしくは安全な避難所を求めて「アタッチメント」を必要としている状態なのか、という視点をもってこどもを観察してみてください。

　探索中のこどもは、「見守っていて、手助けをして、一緒に楽しんで」といった欲求を出しています。一方、疲れたり不安になったりすると、安全と安心を得たいという「アタッチメント」の状態になります。すると、「守って、慰めて、大好きって受けとめて、気持ちを落ち着かせて」といった欲求が高まります。そうやって日常の生活のなかで「安心感の輪」という視点をもっていると、こどもが今どの状態にいて、どのような欲求をもっているのか、ということが読み取りやすくなります。そうすることで、こどもが本当に必要としている安心感を得られ、安定したアタッチメント関係が形成されることにもつながるでしょう。

3章 アタッチメントの視点で考える保育の事例

事例❸

保育者への後追いが続くAちゃん（1歳）を喜んで受け入れているM先生

園での様子

　1歳児クラスのAちゃんは、担任のM先生にくっついたり離れたりを繰り返し、なかなか落ち着いて遊んだり生活をおくったりできていません。M先生が保育室を離れようとするものならば大泣きです。入園から日が浅ければこのような姿もしょうがないとは思うのですが、かれこれ6か月以上もこのような状態です。

　そしてほかにも少し気になることがあります。それはM先生がAちゃんにつきっきりになってしまっているため、他児とのかかわりが極端に少なくなっていることです。それとなくこのことをM先生に伝えると、翌日からおんぶ紐を使いAちゃんをおんぶして、保育をするようになってしまいました。

アタッチメントの視点で読み解いてみよう

Ａちゃんの**本当の安心感**につながっていないのかも

　Ｍ先生を後追いするＡちゃんの姿を見ると、一見アタッチメント関係ができているようにも見えますが、もしかすると、Ａちゃんは心からの安心感に浸れていないのかもしれません。Ａちゃんがどうして泣くのか、どうして抱っこを求めているのか、その理由がわからないまま応えていないでしょうか。

　アタッチメントは体のくっつきだけでなく、心のくっつきも安心感がもてるために必要な要素です。心のくっつきを感じられるためには、「わかってもらえた」という共感が必要です。Ａちゃんの不安にどれだけ共感し、寄り添えているか、今一度見直す必要はないでしょうか。

探索活動の保障がされていない状態かも

　Ａちゃんを泣かせないためとはいえ、Ｍ先生が抱っこやおんぶばかりをしている状態が日常になってしまえば、これはこどもの成長にとって必要な探索活動が保障されていない状態ともいえます。このままではいつまでたってもＡちゃんは園やほかの保育者に慣れず、自立の道は遠のいていくばかりです。

　安心感に浸ることができたら、こどもを大人の身から離し、ひとりで遊んだり友だちと遊んだりできるように探索活動を促すということも、安定したアタッチメントの形成において、とても重要な要素です。

3章　アタッチメントの視点で考える保育の事例

73

対応のポイント

「感情の映し出し」を意識して行ってみる

　不安な感情をもったこどもを迎えるとき、ただ気持ちを立て直そうとするだけでなく、こどもの気持ちまで一度おりてみましょう。つまり「共感」の作業をするのです。具体的には、こどもの表情を真似たり、そのときのこどもの心の状態に合致した言葉をかけたりします。「これが怖かった？　それとも寂しくなっちゃった？　なんだかわからないけど泣きたい気持ちになっちゃった？」など感情言葉を織り交ぜながら、こどもの心の状態を一緒に整理し形づくってあげます。これが「感情の映し出し」です。そうすることで、こどもは形のない不安な気持ちに輪郭ができ、感情に名前があることを学びます。

　自分の心をわかってもらえたということは、ときには体のくっつきより大きな安心感を与えます。そしてこの共感のプロセスを踏むことは、保育者はもちろん、こどもの共感力も育むことにつながります。意識して行ってみましょう。

園全体でアタッチメントに関する共通認識をもつ

　今回の事例のような場合、保育者のなかでアタッチメントに対する認識に差があることが予想されます。一人ひとりの考え方がバラバラで、違う方向を向いているというのは、こどもにとってすごく混乱してしまうことです。そうならないようにアタッチメントに関する基本的な知識は、職員間で共通してもっておくことが必要です。同じ本を読んで園内研修を行うのもよいですし、講師を招いたりセミナーを受講したりして学ぶこともできるかと思います。

　大切なことは、こどもへのかかわり方の基本が、園全体を通して一貫しているということです。

保育者のアタッチメントタイプと保育観

　大人である保育者にも当然アタッチメントのタイプが存在します。そのため自分自身のアタッチメントに基づいてこどもの行動を解釈したり、感情を読み取ったりすることもあるでしょう。例えば「こどもはこうしてあげないと満足しないはずだ」という思い込みで、場合によってはこどもをある意味で依存させてしまう。大人の方が不安だから、こどもが求めていないのに抱っこをしがちになる。そのような保育が無自覚のまま日常的に行われていると、それは不適切な保育にもなりかねません。

　そうならないためにも、ある程度自分のアタッチメントの個人差やあり方というものを把握しておくことで、考え方や感じ方のクセを認識しておくきっかけになります。そうすることで「私はこういうふうに思い込みがちだな」ということや「なんでも否定的にとらえがちなのはこのタイプの傾向があるからかな」などといった気づきが得られ、自分の考え方や感じ方に幅が生まれたり、思い込みなくフラットな状態でこどもを見たりかかわったりすることにつながります。

　とはいえ、自分のタイプや行動パターンを自覚することは簡単ではありません。なぜなら、そのようなパターンがつくられた原点が、言語を獲得する前の乳幼児期に学習されていることが多いからです。自分のタイプや行動パターンの「原因」を探ることに注力するのではなく、「どのような場合に自分は落ち着かなくなるか」という気づきを得ることから始めてみてください。それは、園内研修や保育者同士の対話のなかでも可能です。事例などを通して、「こういう場面で落ち着かない。違和感をもってしまう」ということを言語化し、話すことで、自覚へとつながったり、同じ場面を見ていてもいろいろな感じ方や考え方があることを知ったりする機会になります。自覚ができると、無自覚的な行動を繰り返すことなく、一息ついていつもとは違うかかわりをこどもに行うことが可能になっていくでしょう。

事例 ❹

ASD（自閉スペクトラム症）のRくん（5歳）とのかかわり

園での様子

　5歳児クラスのRくんはASD（自閉スペクトラム症）の診断がでているこどもです。園では基本的にひとり遊びが多く、人に対して関心を寄せることが少なく、自分から保育者や友だちとかかわろうとする姿はあまりありません。その一方でこだわりが強く、急な予定の変更はなかなか受け入れられなかったり、散歩時に手をつなぐことを嫌がったり、素足に砂がちょっとでもついたりするとパニックを起こしたりしてしまいます。

　Rくんとも安定したアタッチメント関係をつくりたいと思うのですが、かかわり方の難しさを感じています。

アタッチメントの視点で読み解いてみよう

> 人に対する興味や関心の低さゆえ、かかわりを**引き出す力に弱さがある**かも

「アタッチメント」の前段階に「ジョイントネス」という段階があります（P.41参照）。それは特定のだれかにかかわらず、人一般に対してつい関心を向けてしまうし、ついその人が気になってしまうという状態です。この「ジョイントネス」が他者のかかわりを引き出し、人とのやりとりが生まれる原点でもあるのですが、この力の弱さがあることが考えられます。

> **感覚過敏**があれば身体的なくっつきは苦手かも

ASD児の特性のひとつとして、感覚刺激の過敏さをもっていることも考えられます。感覚が過敏であると、身体接触が苦手だったり、大人の積極的なかかわりが、こどもにとっては侵入的に感じられ、嫌悪感や不快な気持ちを抱いたりすることもあります。

つまり、安心感を与えるためによかれと思った身体的なくっつきが、逆に不安を与えたり、不信感をもつきっかけになったりすることもあります。その場合、身体的なくっつき以外で安心感をもてるようなかかわりを考えていきます。

3章 アタッチメントの視点で考える保育の事例

対応のポイント

こどもの行動を真似て、やりとりのきっかけをつくる

　人がやっていることに対してあまり関心がないように見えるこどもであっても、そのこどもが好きなことやこだわりをもっていることをほかの人が真似をすることには目を向け、やりとりのきっかけになることがあります。これは「逆模倣」とよばれることで、こどもが起こした行動や発話を、大人がそっくり真似することをよびます。このような経験を増やすなかで、こどもが人とかかわることってわるくないな、楽しいなという気持ちがもてる機会を意識的につくります。

　また、こどもの好きなことやこだわりをもっていることに対して、同じ行動をとることは、大人側にとっても、そのこどもに対する理解が深まることにもつながるかもしれません。

特性ゆえの不安や恐怖を理解し、取り除く

　ASD児は、見たり聞いたり触れたりして取り込んだ情報の処理のしかたが独特なケースがあります。その特性がこだわりの強さや、コミュニケーションの難しさなどとしてあらわれることがあります。

　まずはそのこどもの特性をよく理解し、そのこどもなりに不安や不快なものがあれば取り除くようにしてください。直接的にくっついたりなぐさめたりすることでなくても、環境を整えるという大切な役割を果たすことで「この人は自分の不快を取り除いてくれる」という安心感が生まれ、アタッチメントは形成されていきます。

足をふいて新しい靴下にしよう

どのような特性があっても、安定したアタッチメントは築ける

　どのような特性があっても、「怖いときや不安を感じたときは安心感を得たい」という気持ちは一緒です。ただ注意が必要なこともあります。特性をもったこどもの共通事項として、そのこどもが感じる恐怖の独特さや、いわゆる定型発達のこどもとはズレがあったりします。また、ほかのこどもがまったく平気な部分で激しく怖がってパニックに陥ったり、怖がって当然と思えることを、あえて自分からやってみるといったこともあります。

　危険な行動はもちろん止める必要がありますが、その行動に対して叱責しても特性が変わることも慣れることもありません。その子がもつ独特の不安や恐怖に対して、おかしいと拒否反応を向けてしまうと、関係はなかなかうまくつくることができません。大切なのは、そのこどもなりの不安や恐怖に気づくことです。そして理解し、受けとめ、そのこどもに合う形の安心感を与えていけば、どのような特性があっても時間はかかるかもしれませんが、安定したアタッチメントは形成されていきます。

　また、同じ発達障害の診断名でもこどもによってその特性はさまざまです。診断名にとらわれることなく、その子なりの安心感につながる対応を、個別に見極めて考えていく必要があります。

事例 ❺

母親との関係が希薄に見えるIちゃん（3歳）

園での様子

　3歳児クラスのIちゃんのお母さんは多忙で、お迎えが最後になることもしばしば。しかしIちゃんはお母さんがお迎えに来てもチラッと横目で見るだけで、特に喜ぶ様子はありません。お母さんが帰り支度を整え「帰るよ」と声をかけても無視をする始末なので、お母さんもイライラした様子です。

　普段の園生活では特に気になる行動はなく、困ったときは担任保育者を頼ったり、甘えたりする様子もあり、友だちとも穏やかに遊んでいます。

アタッチメントの視点で読み解いてみよう

甘えたい気持ちの裏返しなのかも

保育者より長い時間集団のなかにいるこどもは、疲れていたり不安になっていたりする状態であることが想像できます。平然とした様子に見えるⅠちゃんであっても、その本心は不安で心が埋め尽くされ、お母さんに甘えたい気持ちでいっぱいといったこともあるかもしれません。

こどものなかには、自分の本当の気持ちをなかなか表現できなかったり、表現することをためらったりするタイプのこどももいます。普段の園生活で激しい主張がなく、特に問題がないと認識していても、なんらかの思いを抱えていることもあることを留意しておきましょう。

担任保育者との関係を基盤に親子関係がいい方向に変わっていけるかも

担任保育者に頼ったり甘えたりする姿から、保育者と安定したアタッチメント関係が築けていることがわかります。また、保育者との関係を基盤にして、クラスの友だちとも遊べていることも推測できます。

安定したアタッチメントの形成において「家庭が先」という絶対的な順序はありません。もし、家庭で安定したアタッチメントの形成が難しい場合であっても、保育者等が安心の基盤や、人間関係に関する土台を築き、そこから家庭での親との関係がいい方向に変わっていくということもあります。

対応のポイント

保育者が仲介者となり、親子の良好な関係につなげる

　Iちゃんのような態度に対して、いらだってしまう保護者も当然いるかと思います。そんなとき保育者は親子の仲介者となり「本当はお迎えうれしいんだよね」など、言葉や態度でうれしさを表現できないこどもの気持ちや本音を代弁することも場合によっては必要です。

　また、平然と見えるIちゃんも実はさみしい気持ちや不安な気持ちでいっぱい、ということもあります。Iちゃんが安心感に浸ることができ、親子の良好な関係につながるような働きかけを意識しましょう。

本当の気持ちを表現できるようにサポートを

　日々のていねいなかかわりのなかから、Iちゃんが本当の気持ちを言葉にするなど、表現することを支えていきましょう。具体的な対応として、まずはIちゃんの心が動いた瞬間に、その状態に合致した言葉をかけていくことから始めてみましょう。「びっくりしたね」「痛かったね」「うれしいね」「さみしいね」など、信頼する大人に自分の身体や心の状態を言葉にしてもらうことで、自分の気持ちを理解することになります。そうやって理解が進むと、自分の本当の気持ちに気づくことができ、表現へとつながりやすくなります。そしてIちゃんが本当の気持ちを表現できたときは、その言葉や気持ちをしっかりと受けとめ、肯定することで、本音を言ってもいいんだ、という確証がもてるようにすることも重要です。

アタッチメントの世代間伝達

　アタッチメントの世代間伝達とは、こどもの頃に築かれたアタッチメントのタイプが、自分のこどもにも引き継がれることをいいます。育児の場面は、自分がこどもの頃に経験したアタッチメントからつくられた「型」のようなものが作動しやすくなる状態になります。その結果、こどもの頃の親子関係と似たような関係が、自分のこどもとの間にも築かれやすくなるのです。しかしこれはあくまで傾向であり、必ずしもすべての親子のアタッチメントのタイプが一致するともいえません。

　もし、こどもの頃に安定したアタッチメントを得る経験ができなかったとしても、自身のアタッチメントのあり方を振り返り、とらえ直すことで、心のなかに取り込まれている思い込みが変わる可能性は十分にあります。このように自分や他者の心の状態を振り返る力を「内省機能」とよびます。この内省機能の高さや、こどもの視点に立ち、こどもの気持ちを理解しようとする洞察力が、適切な対応へとつながり、安定的なアタッチメントの形成を可能とします。

　また一方で、アタッチメントの世代間伝達は親子のみの関係だけで語られる問題ではなく、親子を取り巻く社会的な背景も影響を及ぼしていることが指摘されています。例えば良好な夫婦関係や社会的な支援など周囲のサポートも、こどもと安定的にかかわるためには必要なことだといえます。もし親がアタッチメントの問題を抱えていたとしても、適切なサポートを通じて親自身に「安全な避難所」や「安心の基地」ができることで、こどもとの安定したアタッチメントを形成することができます。

振り返りやとらえ直しで思い込みは変わる

アタッチメント Q&A

「これってどうなんだろう？」
「こういうときどうすればいいんだろう？」
といった保育に関連するアタッチメントの質問にお答えします。

 1

**こどもを抱っこしすぎると抱き癖がつくのか
先輩保育者に注意をされ戸惑っている**

担当のこども（0歳児）が泣いて抱っこを求めてきたとき、抱っこをしていると先輩保育者に「抱き癖がつくよ」と注意をされました。こどもを抱っこしすぎると抱き癖がつくのでしょうか？　そしてそれはこどもにとってよくないことなのでしょうか？

A 不安からくる抱っこの求めには、十分に応える

　乳児期のこどもから抱っこを求めてきたとき、特に怖くて不安からくる求めであれば、できるだけそれに応じて抱っこしてあげることが基本です。こどもの不安から求める抱っこに応じたからといって「抱き癖」がつくことはありません。むしろ、その思いに応えないでいると、安定したアタッチメントは築けず、こどもの発達や自立が遅れることも考えられます。

　しかし、こどもが求めていないのに保育者の都合で常に抱っこをしていれば、自発性や自立の芽を潰してしまう恐れもあります。また、周囲の指摘から迷いが生じて抱っこしたりしなかったりすると、こどもは見通しがもてず、なかなか抱っこの要求は減らないかもしれません。大切なことは大人が一貫性をもってこどもからの抱っこに応え、こどもが安心感に浸ることができたら遊びへと促すことです。

　もう少し大きくなっても基本的な対応は同じですが、求めることがわがままと感じられるようであれば「これはいいけど、これはしない」ということをぶれることなくていねいに伝え、こどもが見通しをもてるような対応を示していくことも必要になっていきます。

Q2 進級のタイミングで担任が替わることは、アタッチメント対象を失ってしまうことになり、こどもにとってはよくないことなのか

働いている園は、持ち上がりではないため進級などで担任が替わります。1年間かかわってきたこどもたちと、せっかく安定した関係が築けたのに少し悲しい気持ちになります。なによりこどもたちが新しいクラスで落ち着かなくなり、不安定な状態になるのではないかと心配になります。

A 安定したアタッチメントが築かれたこどもは信頼のバトンを渡しやすい

信頼している保育者と離れるということは、多くの園で起こり得ることだと思います。重要なことは、その信頼のバトンをしっかりと渡していくことです。そのためにはやはり、こどもに見通しを徐々に、しかし確実に与えていくことが必要です。「4月になったら、Aちゃんは○○組になるよ。そこには□□先生と△△先生がいるよ」と言葉で伝えるのもよいですし、新たな担任保育者を現在のクラスによんで、こどもたちと一緒に過ごしたり、今の担任保育者と話すところを見せたりするのもよいでしょう。そうすることで、「信頼する先生となかよしだから大丈夫だ」という安心感を与え、「バトンタッチをするよ」ということを目に見える形で示すことにもつながります。

担任保育者やクラスが替わったとしても、安定したアタッチメント関係を経験したこどもは、大人一般に対する信頼の感覚というものもつくられています。そのため、新しい環境でも安定して人と関係をもつことができる傾向にあります。

こどもと築いたよいアタッチメント関係は、こどもの生きる力となり、新たな場でもちゃんと発揮されます。クラスが変わると保育者も少しさみしい気持ちになるとは思いますが、その子の心のなかの幸せの土台としてしっかりとあり続けるものだということも、ぜひ覚えておいてください。

**アタッチメントの大切さはわかるが
こどもとの肌のふれあいが苦手
そんな私は保育者失格なのか**

　アタッチメント、つまりこどもがネガティブな感情になった際に求めてくるくっつきの大切さはとてもよくわかります。しかし、頭ではわかっていても、どうしてもこどもとの肌のふれあいが苦手です。こんな私は保育者失格なのでしょうか。

**A　安心感の与え方はふれあいだけではない
その保育者なりのこどもへの
安心感の与え方を考えていく**

　こどもが怖くて不安なとき、感情が崩れたとき、共感的に受けとめその崩れた感情を立て直すためには、必ずしも抱っこなど肌のふれあいが唯一の方法ではありません。声をかけたり、目線をおくったり、あたたかい表情を向けたりなど、その保育者なりの安心感の与え方がしっかりとできていれば、こどもとの間に安定したアタッチメントを形成できます。

　そうはいっても、やはりこどもは小さければ小さいほど、物理的な「くっつき」を求めると思います。可能であれば乳児クラスでなく、幼児クラスの担任にしてもらうなどの配慮を園にしてもらえれば、それに越したことはないと思います。

Q4 不安なときに保育者の胸を触ろうとする こどもに対してどのように対応すればよいか

不安や恐怖を感じて保育者にくっつくとき、保育者の胸を触るこどもがいます。母親にも同じことをしているので、くっついて胸を触ることで安心感を得ているのだと思います。しかし、胸を触られるのは正直嫌だなと思ってしまいます。どのように対応すればよいでしょう。

A だめなことには「だめだよ」と伝えることも 大人として重要な役割
一貫性をもった対応は信頼関係を築くことにもつながる

毅然と「だめだよ」と言って手をよけても問題ありません。そもそも保育者と親は全然違う存在だということをこどもにも理解してもらう必要もあります。それは園のなかでやっていいことと、やってはいけないことがあるということを伝える意味でも重要です。

大人が「だめ」と、一方的に否定・拒否することは別として、社会的なルールを伝えたり、大人もされて嫌なことを伝えたりするために、「だめなことはだめ」と言うことは保育者の重要な役割でもあります。

つけ加えていうと、「ぶれることがない」ということはアタッチメント対象として重要な要素です。「あの先生はこういうことはだめと言う先生だ」というぶれることのない一貫した姿勢が、こどもにとってはかえって信頼でき、安心できる要素にもなります。特に集団生活のなかにいる保育者には求められる要素でもあり、一貫した大人の姿勢はこどもにとっては見通しにもなるため、安定した生活を送ることにもつながります。

Q5 保護者が保育者に対して強い信頼を寄せアタッチメント対象にすることは問題ないのか

保護者に親身に寄り添うあまり、保育者が保護者のアタッチメント対象になることはあるのでしょうか。また、そのことは問題ではないのでしょうか。

A 保護者にとっても保育者がアタッチメント対象になるのは自然なこと ただ、依存的な形にならないように注意は必要

アタッチメントは乳幼児期限定の考え方でなく、人の生涯にわたって重要なものとしてあり続けます。大人になっても辛い気持ちであったり、不安な気持ちが強まったりしたときにはだれかと一緒にいたい、だれかと話をしたい、だれかに話を聞いてもらいたい、というような欲求が湧き上がり、その欲求が満たされるなかで安心感を取り戻していくことができます。そのため、保護者が保育者に対して、不安を感じていることを聞いてほしい、話をしたい、ということはおかしな話ではなく、自然なことです。

しかし、特定の保育者ばかりを頼り、ともすれば依存のような形となると当然その保育者に負担がかかったり、トラブルの原因にもなったりしかねません。これはこどもとのアタッチメントと同じ考え方ですが、保護者に対しても、不安な感情に共感し、受けとめ、安心感を与えることができたら、新しい世界へと探索を促すことも保育者の重要な役割です。保育者は、保護者との二者で関係を深めるだけでなく、保護者同士がつながれるような機会をつくったり援助を行ったりして、保護者が親として成長できる機会をつくれるような安全な避難所・安心の基地であってほしいと思います。

Q6 乳幼児期に築くことのできなかった安定したアタッチメントは、大人になってから新たに築くことはできるのか

最初に経験するアタッチメント、つまり乳幼児期の体験が自分や人に対する信頼感のあり方などを左右することを学びました。もし、大人がこの乳幼児期に安定したアタッチメントが築けていない場合はどうしたらよいのでしょうか？

A 人は何歳になっても変わることができる しかし、年齢が高くなればなるほど、変わることが難しくなるので、できるだけ早いタイミングで安定したアタッチメントが経験できるようにしたい

人や自分に対する信頼感や愛する・愛される、という確信や感覚は、最初に経験するアタッチメントを通して心のなかに刻まれます。だからこそ乳幼児期の安定したアタッチメント経験が必要なのですが、それですべてが決まる訳ではありません。各種の研究調査で、人は何歳になっても変われるということが科学的な事実として明らかになっています。

一番効果的な方法は、アタッチメント経験が豊富な人とそれなりの期間、一緒に生活の時間を過ごすことです。実体験や感情がともなわないで得た知識では心はなかなか変化しません。大人になると信頼できる人との出会い、パートナーとの良好な関係、社会的なサポートの利用、自分自身のアタッチメントの経験を見つめ直しとらえ直す経験などの機会が変化をもたらす可能性があります。また、自分のこどもが通う園での保育者の対応を見ることも変化のチャンスです。なぜならば、こどもの感情に向き合うことの多い保育者を見て、こういう接し方もあるのか、と気づきを得る機会が多いからです。そういった意味でも家庭ではない、園というこどものもうひとつの居場所にいる保育者の役割は大きいのです。

その一方で、変わることはできるけれど、年齢が高くなればなるほど、変わることが難しくなっていくという事実もセットとして覚えておいてほしいと思います。そのため、できるだけ早い時期に安定したアタッチメントの経験をもっておくことに大きな意味があるのです。

Q7 「不適切な保育」の報道などを見るとこどもの体に触れることに対してもっと慎重であるべきではないかと思うがどうか

こどもへの虐待や不適切な保育などの報道を目にすると、こどもに触れることに対して少し身構えてしまうようになりました。くすぐり遊びや頭に触れることも、不適切行為にあたるということをネットで見たこともあります。アタッチメントに欠かせないこどもとのくっつきですが、こどもに触れることに対してもっと慎重になるべきなのでしょうか。

A ふれあうことは人間にとって大切な行為 特にこどもからのシグナルに対してはしっかりと応えていきたい

　本来人間にとってふれあうことは大切な行為であり、副交感神経が活性化したり、愛情ホルモンとよばれるオキシトシンが分泌されたりすることは広く知られているところです。生理的なメカニズムが働き安心感を得られると同時に、人と人との関係がより緊密に結ばれる傾向があるということを考えても、こどもにとって身体接触は欠かせないものといえます。

　また、1章の冒頭でもふれていますが、「スキンシップ」や「ボディコンタクト」と「アタッチメント」は全然違うもの（P.11参照）という認識も改めてもつ必要があるかと思います。「アタッチメント」はただこどもに触れることではなく、安心や安全の感覚を与えるための身体接触になるため、まさにそれがこどもの身近にい

る大人の役割ともいえるかもしれません。そのため、こどもから恐くて不安で身体的接触を求めてきた場合は、しっかりあたたかく応じてあげてほしいと思います。

スキンシップのようなふれあいを楽しむことも、もちろん大切です。もっともその際も、こどもに突然触れたり、むやみに触れたりしていないか、こどもが苦痛を感じていないか、という意識をもつことは必要です。

また、こども同士の遊びのなかでのふれあいに対しても、不安に思うこともあるかもしれません。こども同士の遊びであっても、いきすぎた行為にならないよう、普段から体の大切さを伝えたり、プライベートゾーンについての話をしたり、相手に触れるときには同意が必要という話をしたりする機会をつくることも効果的です。そのためには保育者自身も性教育について学び、園内でガイドラインを作って共有することも必要です。そうやって一貫した対応ができるようにしておくと、こどもだけでなく、保護者や保育者自身の安心にもつながるでしょう。

Q8 アタッチメントの必要性が叫ばれているがこどもを取り巻く環境はアタッチメントが築きやすい社会といえるのか

　国が出す子育てに関する資料や保育に関する法令文、保育の研修等でも「アタッチメント」という言葉をよく見聞きするので、私もその重要性を感じています。その一方で、こどもの泣く声がうるさいといった園への苦情があったり、長時間保育をせざるを得ない保護者の働き方を見ていたりすると、アタッチメントが築きやすい社会なのか疑問に思うことが多くあり、どこか矛盾を感じてしまいます。

A アタッチメントというシンプルな欲求も満たされづらい現状はある　こどもの育ちを置き去りにしない社会のあり方を考えたい

　本来ヒトという生き物は「集団共同型子育て」を行ってきました。それは、家庭だけでなく、家庭以外のいろいろな大人との関係性というものがごく当たり前のようにあり、そのなかで安全性が確保され、こどもが生存し成長してきたということを意味します。現代はこどもにかかわる大人というのが、家庭のなかの親に限定されがちで、いってみれば親しかいないという状況にもなりかねないわけです。そのような状態のなかで、親以外の人で現実的にもっともよくかかわることのできる大人というのが、園の保育者です。

　現代では園は家庭とだけつながる場として存在するのではなく、地域とつながる場としてあることも大切だと考えます。たとえば園の騒音が気になるといった理由で迷惑視されていた場合でも、園と地域の方とつながりをつくることで、同じ音でも相手の受け取り方が変わることもあります。園が地域のなかにあるだけでなく、コミュニティーを生み出す場としての役割も求められているように思います。

　加えて、子育て支援の重要性は当たり前となっているなか、子育て支援が保護者のニーズを満たすための支援に偏りす

ぎていないか、こども自身の育ちが置き去りにされていないかと、社会全体で見直す必要があると感じています。保護者のニーズに応える政策や仕組みを考えるのはいいのですが、それが「こどもの健康な発達を妨げていないか」「こどもの健康な発達につながるような政策や仕組みになっているか」というような視点を決して忘れてはいけません。おそらく現在その視点が抜け落ちてしまっているようなところが、保育者を悩ませているところだと思います。

アタッチメントというのは、なにも特別なものではなく、不安なときに特定のだれかにくっつこうとする、くっついたら安心感に浸る、ただそれだけのことです。しかし、こどもたちのその欲求がちゃんと満たされているかというと、若干難しくなっていると感じています。当たり前のことの大切さを私たち大人がちゃんと見直し、知識としてもっておくこと。そしてそれを発信していくことが今後ますます必要になってくるのだと感じています。

Q&A

おわりに

　本文のなかでもふれたことですが、現在、学問の世界では、ヒトという生き物のもともとの子育ての形が、血縁、非血縁のさまざまな人たちが一緒に手を携え協力しあいながら営む「集団共同型養育」だったという考えが優勢になってきています。ヒトのこどもはとても未熟で脆弱に生まれてくるのに加え、生涯のなかにおけるこどもの期間が全生物種のなかでも最も長いといわれ、母親単体での子育てはもとより無理で、多くの人から助けを受けることが半ば必然だったといわれるようになってきているのです。

　しかし、この観点から現在の日本の子育ての状況を見ると、未だそれからは大きく逸脱しているように思われます。確かに、男女共同参画や子育て支援という言葉は巷に溢れ、少なくとも理念のうえでは、子育ての負担が母親だけに集中してあってはならず、家庭内外の複数の人から成るネットワークのなかでこどもの育ちが支えられなければならないという考えは、確実に広まってきているかに見えます。しかし、実態はどうかというと、現実的に日本の社会では、未だに子育てにおける母子関係中心主義が根強く残存しているような気がしてなりません。

　その意味からすると、今こそ、現代の事情に即した「集団共同型養育」の形を再生していくことが必要なのではないかと思います。そして、そこにおいて、最も中核的役割を果たし得るのは、当然、園ということになるでしょう。こどもが家庭における親との関係に加え、家庭の外で、複数の保育者と緊密なかかわりを

もち得ることは、生物種としてのヒトのこどもにとって極めて自然なことであり、ある意味で、もともとのヒトのネットワーク型子育てへの原点回帰ともいえるのです。

　そして、もうひとつ、この「集団共同型養育」という状況において忘れてならないことは、そこでこどもが大人とのいわゆるタテの関係を複数、同時並行的に経験するのみならず、同年齢のこどもとのヨコの関係や、年齢が少し上、あるいは少し下の異年齢のこどもとのナナメの関係を濃密に経験するということです。本来、ヒトのこどもは、幼少期の段階から、このタテ・ヨコ・ナナメの３種類の関係のなかにあって、生涯をたくましく生き抜いていくための大切な心の要素を獲得するしくみを備えているということができます。そして、いうまでもなく、現代のこどもたちの生活状況において、この３種類の関係が豊かに重層的に存在している場こそが、まさに園なのです。園という場は、生物学的に見ても、こどもの成長や発達にとって最も理に適っているところだといえるのです。

　園において、保育者が、自身とこどもとの直接的なタテの関係、とりわけ安定したアタッチメントを築くと同時に、こどもが自発的にヨコの関係やナナメの関係を充実した形で経験できるように、黒子として、あるいは応援団として支え促すことができれば、こどもたちの未来は確実に明るいものとなるでしょう。そのことを固く信じて、また強く願って、この書を結びたいと思います。

遠藤利彦

著者：遠藤 利彦

東京大学大学院教育学研究科教授。東京大学大学院教育学研究科附属発達保育実践政策学センター（Cedep）センター長を兼務。専門は発達心理学、感情心理学。おもな編著書に『赤ちゃんの発達とアタッチメント』（ひとなる書房）、『「情の理」論』（東京大学出版会）、『入門アタッチメント理論』（日本評論社）などがある。

デザイン	chocolate.
カバーイラスト	竜田麻衣
本文イラスト	竜田麻衣　中小路ムツヨ　平澤南
本文校正	くすのき舎
編集	川波晴日

心の力を育み 発達を支える
保育におけるアタッチメント
2025年2月　初版第1刷発行

著　　　者	遠藤利彦	
発　行　人	大橋 潤	
編　集　人	竹久美紀	
発　行　所	株式会社チャイルド本社	
	〒112-8512　東京都文京区小石川5-24-21	
電　　話	03-3813-2141（営業）	
	03-3813-9445（編集）	
振　　替	00100-4-38410	
印刷・製本	共同印刷株式会社	

©Toshihiko Endo
ISBN978-4-8054-0334-1
NDC376　24×19cm　96P　Printed in Japan

チャイルド本社のウェブサイト
https://www.childbook.co.jp
チャイルドブックや保育図書の情報が盛りだくさん。どうぞご利用ください。

■乱丁・落丁本はお取り替えいたします。
■本書の無断転載、複写複製（コピー）は著作権法上での例外を除き禁じられています。
■本書を代行業者等の第三者に依頼してスキャンやデジタル化することは、たとえ個人や家庭内の利用であっても、著作権法上、認められておりません。